Jan Keupp · Peter Pohlit · Hans Reither
Katharina Schober · Stefan Weinfurter

„...die keyserlichen zeychen..."

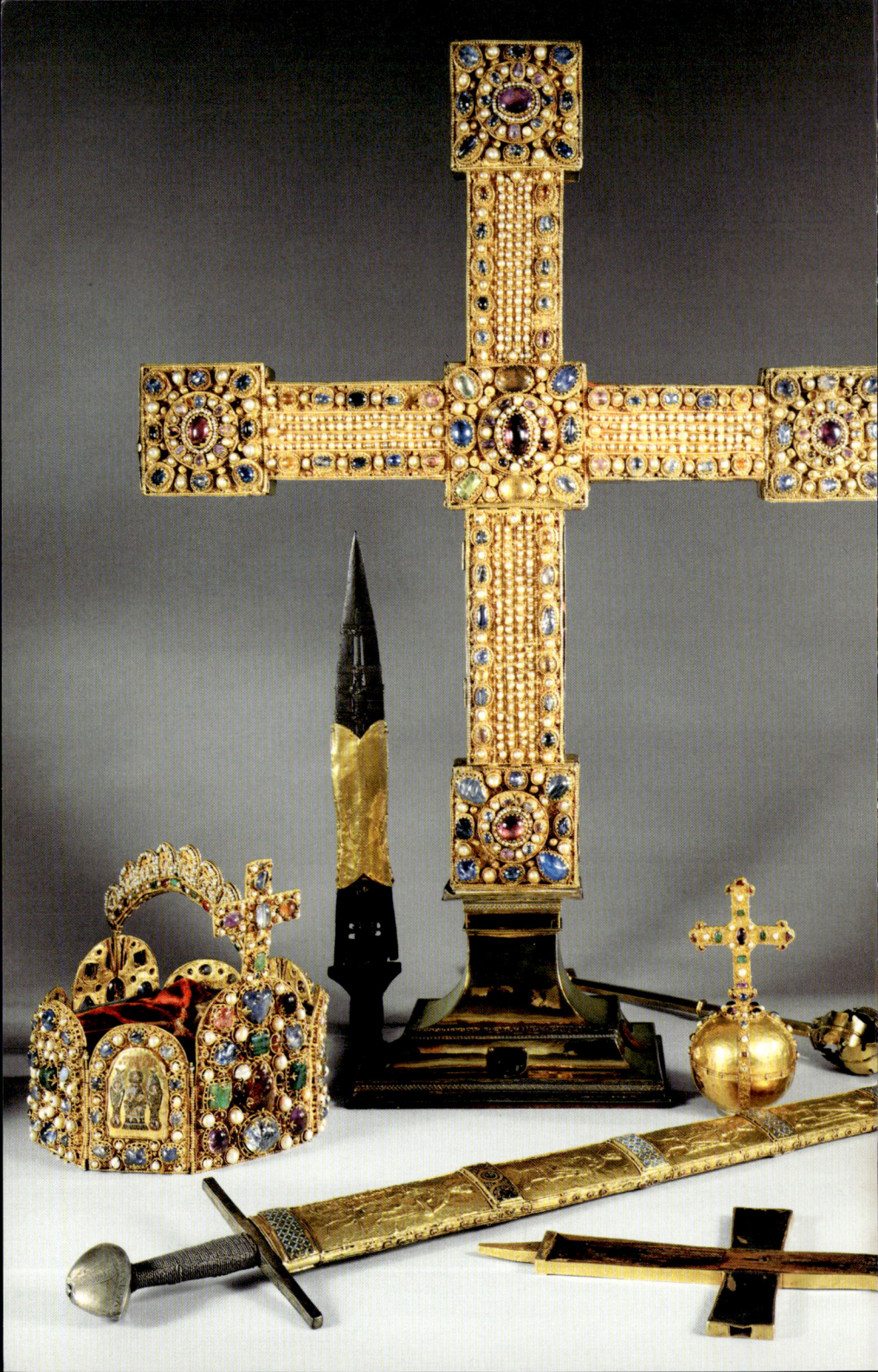

Jan Keupp · Peter Pohlit · Hans Reither
Katharina Schober · Stefan Weinfurter

„…*die keyserlichen zeychen…*"

Die Reichskleinodien –
Herrschaftszeichen des Heiligen Römischen Reiches

in Zusammenarbeit mit der Direktion Burgen, Schlösser, Altertümer
in der Generaldirektion Kulturelles Erbe Rheinland-Pfalz

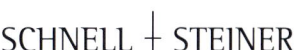

Abbildung der vorderen Umschlagseite und Frontispiz:
Ensemble der wichtigsten Reichskleinodien aus der Wiener Schatzkammer

Abbildung der rückwärtigen Umschlagseite:
Nachbildungen der Reichskleinodien auf dem Trifels

Bibliografische Information der Deutschen Bibliothek:
Die Deutsche Bibliothek verzeichnet diese Publikation in der
Deutschen Nationalbibliografie; detaillierte bibliografische
Daten sind im Internet über <http://dnb.ddb.de> abrufbar.

1. Auflage 2009
© 2009 Verlag Schnell & Steiner GmbH,
Leibnizstraße 13, 93055 Regensburg
Umschlaggestaltung: Anna Braungart, Tübingen
Layout, Satzherstellung und Druck: Erhardi Druck GmbH, Regensburg
ISBN 978-3-7954-2002-4

Weitere Informationen zum Verlagsprogramm erhalten Sie unter:
www.schnell-und-steiner.de

Inhalt

Katharina Schober

Peter Pohlit

Hans Reither

◼ Vorwort

Im Frühjahr 2010 wird auf der Burg Trifels eine Dauerausstellung eröffnet, in deren Mittelpunkt die Geschichte der Burg von ihren Anfängen bis zum Wiederaufbau im 20. Jahrhundert steht. Höhepunkt der neuen Präsentation wird die vollkommen umgestaltete sog. Schatzkammer sein. Hier werden die Nachbildungen der Reichskleinodien in Zukunft auf eindrucksvolle Art und Weise in Szene gesetzt. Unterstützt wird diese Präsentation vom Trifelsverein, der auch Eigentümer der Nachbildungen ist.

Unter den ausgestellten Preziosen befindet sich auch eine wertvolle Nachbildung der Heiligen Lanze. Sie ist ein Geschenk des Landkreises Göppingen an die Direktion Burgen, Schlösser, Altertümer und wurde von der Landesfachklasse Metallbauer an der Gewerblichen Schule Göppingen gefertigt. In einem feierlichen Akt wurde sie im Oktober 2008 auf der Burg Trifels überreicht.

Daher trifft es sich gut, dass rechtzeitig zur Neueröffnung der Schatzkammer diese Publikation vorliegt. Denn sie gibt den Besucherinnen und Besuchern die Möglichkeit, sich auf dem neuesten Stand der Forschung vertiefend mit der wahrlich wechselvollen Geschichte der Originale und der Repliken bzw. Nachbildungen auseinanderzusetzen.

Unter der Leitung des namenhaften Mittelalterhistorikers Prof. Dr. Stefan Weinfurter ist eine sehr lesenswerte Darstellung entstanden, die die herausragende Bedeutung der Reichskleinodien im Zusammenhang mit der Geschichte des König- und Kaisertums im römisch-deutschen und dann Heiligen Römischen Reiches Deutscher Nation eindrucksvoll belegt. Besonders Priv.-Doz. Dr. Jan Keupp und Katharina Schober arbeiten die drei Bedeutungsebenen der Kleinodien heraus: als Herrschaftszeichen, als Reliquien und als Heilszeichen. Dabei wird auch erkennbar, dass selbst noch heute, wo die Reichsinsignien nur noch als museale Objekte ausgestellt werden, ihr Zauber und ihre Wirkung auf den Betrachter nicht verloren gegangen sind.

Dies erklärt auch, warum immer noch jedes Jahr Tausende von Menschen zu den Orten fahren, an denen die Insignien entweder im Original oder als Kopie präsentiert werden. Um welche Kleinodien es sich im einzelnen handelt, wie sie aussehen, an welchen Orten sie in den vergangenen fast 1000 Jahren aufbewahrt und welche Nachbildungen geschaffen wurden, damit beschäftigen sich die beiden Autoren Hans Reither und Peter Pohlit, die in besonderer Weise mit einem dieser Orte, dem Trifels, verbunden sind.

Allen Autoren sei ganz herzlich gedankt, denn mit diesem neuen Heft liegt eine wirklich umfassende und zudem reich bebilderte Darstellung der Geschichte der Reichskleinodien vor, die – so ist es unsere gemeinsame Hoffnung – dazu anregt, sich selbst ein Bild von den Originalen und Nachbildungen zu machen. Zugleich wird sie nachhaltig zum besseren Verständnis dieser einzigartigen Zeugnisse deutscher Herrschaftsgeschichte dienen.

Mainz, im Juli 2009

Thomas Metz
Generaldirektor
Generaldirektion Kulturelles Erbe
Rheinland-Pfalz

Dr. Angela Kaiser-Lahme
Direktorin Burgen, Schlösser, Altertümer

Stefan Weinfurter

■ Die Zeichen des Herrschers – Zur Einführung

Im Frühjahr 939 stand Otto der Große (936–972) einen Moment lang vor dem Abgrund. Sein eigener Bruder, Heinrich, hatte sich mit einer starken Kriegergefolgschaft gegen ihn verschworen. In Birten bei Xanten am Rhein legten sie sich in einen Hinterhalt, um das Heer des Königs anzugreifen. Die Lage war günstig, denn die königlichen Ritter überquerten mit Schiffen den Fluss, und das Heer wurde dadurch auseinandergerissen. Auf der anderen Seite warteten bereits die Feinde. Der König, der mit dem größten Teil seiner Truppen noch zurückgeblieben war, musste nun aus der Ferne mit ansehen, wie seine kleine Vorhut auf der anderen Seite des Flusses angegriffen wurde. In seiner Verzweiflung stieg Otto vom Pferd, kniete sich vor die Heilige Lanze, die er hatte mitführen lassen, „und betete mit dem ganzen Volk unter Tränen vor den Sieg bringenden Nägeln, die einst die Hände unseres Herrn und Heilands Jesus Christus durchbohrt hatten und die nun in die Lanze des König eingefügt sind" (Liudprand, Antapodosis IV, 24). Daraufhin habe Gott in das Geschehen eingegriffen. Die Feinde hätten sich sämtlich zur Flucht gewandt, und manche von ihnen hätten nicht einmal gewusst, weshalb sie flohen. Ein grandioser und Weichen stellender Sieg, denn eine Niederlage hätte wohl das Königtum Ottos beendet.

Der aufgeklärte Mensch wird einwenden, dass die kleine Truppe des Königs auf der anderen Seite des Flusses mit dem Mut der Verzweiflung kämpfte, dass auch die Beschaffenheit des Ufergeländes mit den vielen kleinen Gewässern günstig war, weil sich die Übermacht des Feindes nicht positionieren konnte, und dass der Sieg aus diesen Gründen leicht zu erklären sei. Doch dies würde dem Denken und den Ordnungsvorstellungen der Menschen vor über einem Jahrtausend nicht gerecht. Sie lebten in der Überzeugung, dass sich himmlische und irdische Ordnung in einer engen Wechselbeziehung befänden. Christus selbst, so war man sich sicher, lenke die Geschicke seines Stellvertreters auf Erden, sofern sich dieser an die Gebote Gottes halte und sie zur Grundlage seines Handelns mache.

Für diese enge Verbindung zwischen himmlischem und irdischem Königtum gab es symbolhafte Zeichen, unter denen die Heilige Lanze eine herausragende Bedeu-

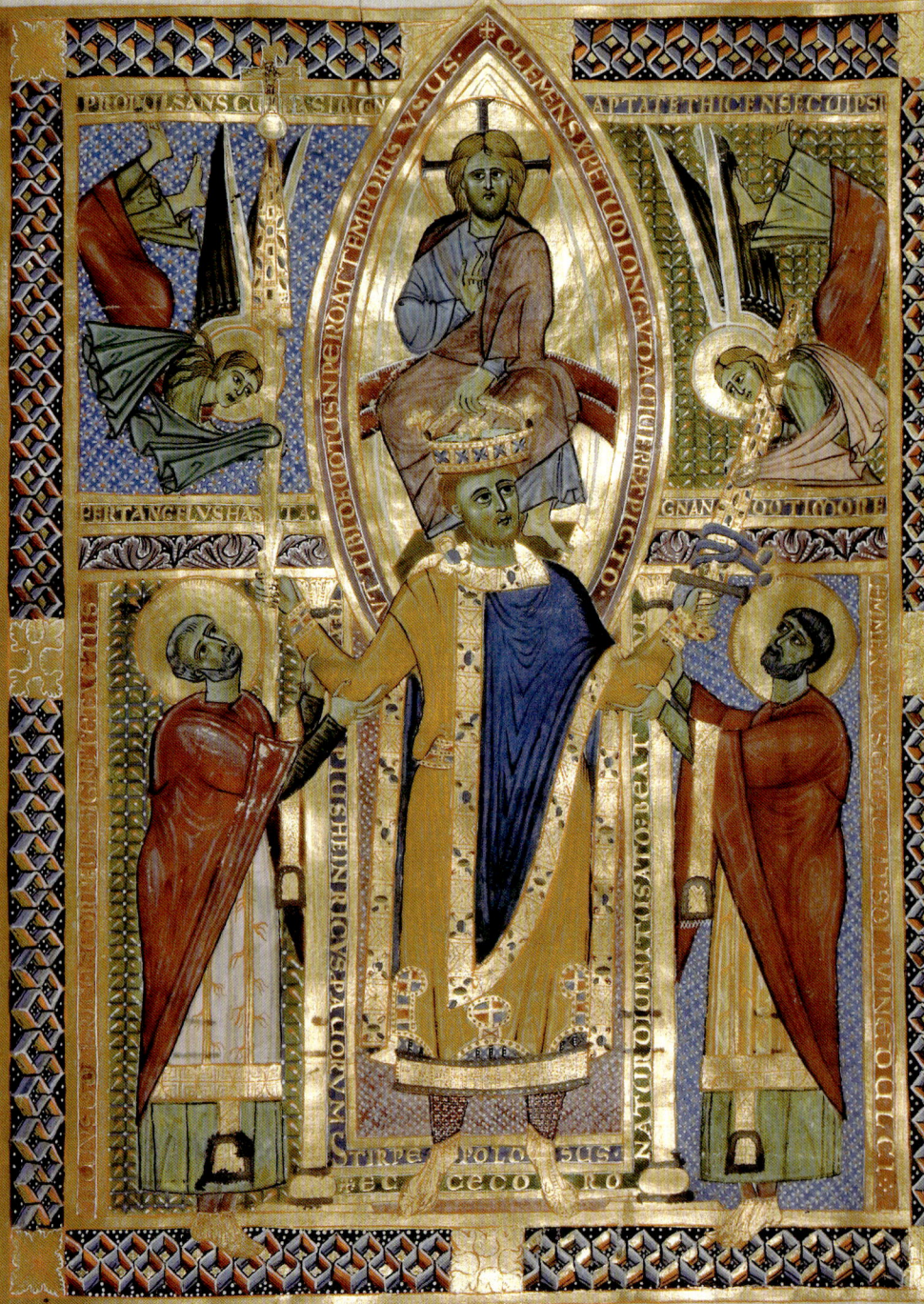

tung erlangte. In ihr Lanzenblatt, so dachte man, war ein Nagel vom Kreuz Christi eingearbeitet. Daher sichere sie den Sieg dessen, der die Lanze bei sich führt. Ja mehr noch: Erst der Besitz der Heiligen Lanze wies einen König als rechtmäßig aus! Als Kaiser Otto III. (984–1002) starb und der Herzog von Bayern, Heinrich, 1002 daran ging, die Nachfolge an sich zu bringen, setzte er den Erzbischof von Köln derart unter Druck, dass dieser die Heilige Lanze – die er heimlich hatte nach Köln schaffen lassen – reumütig zurückholen ließ und auslieferte. Erst von diesem Moment an konnte sich der neue König, Heinrich II. (1002–1024), mit Aussicht auf Erfolg an die Übernahme der Königswürde machen.

Doch die Heilige Lanze allein reichte nicht aus. Neben ihr gab es noch weitere Herrschaftszeichen, in denen symbolhaft herrscherliche Autorität, Befehls- und Richtergewalt sowie die Idee des Schutzes von Kirche und Christentum zum Ausdruck kamen. Alle haben sie ihre eigene Herkunft, ihre eigene Geschichte und ihre eigene Bedeutung, die in diesem Buch zur Sprache kommen. Zur Krone kamen das Zepter und das Schwert hinzu – das „Reichsschwert" in seiner heutigen Gestalt entstand freilich erst in der zweiten Hälfte des 11. Jahrhunderts. Sie standen für die Aufgaben des gerechten Richters, des strafenden Königs und des Herrschers, der die Kirche und das christliche Volk verteidigt. Der „Reichsapfel" (*pomus*, auch Sphaira oder Globus genannt) erscheint auf Herrscherbildern schon im frühen Mittelalter und ist für die Zeit Heinrichs II. (1002–1024) erstmals auch als Gegenstand bezeugt. In seiner heutigen Form geht er auf die Zeit um 1200

Krönungsbild Heinrichs II. im Regensburger Sakramentar, Anfang 11. Jahrhundert

Heilige Lanze ohne Manschette

zurück. Schließlich kam das außerordentlich kunstvoll gearbeitete Reichskreuz mit Partikeln vom Kreuz Christi hinzu, das im 11. Jahrhundert unter Kaiser Konrad II. (1024–1039) geschaffen wurde und zu besonderer Bedeutung aufstieg.

Mit all diesen „Zeichen der Herrschaft" verbinden sich geheimnisvolle Fragen. Vielfach sind Entstehungszeiten, Phasen der Überarbeitung und Ausgestaltung, aber auch Aspekte der Ikonographie, der Deutung und der Funktion in der Forschung umstritten. Als besonders kontrovers gilt die Frage nach der Entstehung und Bedeutung der „Reichskrone", auch bekannt unter den Bezeichnungen „Kaiserkrone", „Bügelkrone" (wegen des Bügels mit der Aufschrift *Chuonradus dei gratia Romanorum imperator augustus*) oder „Wiener Reichskrone" (wegen des heutigen Aufbewahrungsortes in der Schatzkammer des Kunsthistorischen Museums in Wien). Wurde die Krone in der Zeit Ottos des Großen um 960 angefertigt? Oder erst unter Kaiser Konrad II. (1024–1039)? Oder gar erst unter Konrad III. (1138–1152)? Mit dem Gegenstand der Krone, dem Kranz oder Reifen sind vor allem zahlreiche biblische Sinnebenen verknüpft, etwa „die Krone der Weisheit" (*corona sapientiae*), „die Krone des ewigen Ruhms" (*corona gloriae*) oder „die Krone des Lebens" (*corona vitae*). Sie alle können in den mittelalterlichen Interpretationen eine Rolle spielen.

Auf die Gestalt der Reichskrone hat sich dieses Spannungsfeld von ekklesiologischem Mythos und herrscherlicher Auszeichnung augenfällig niedergeschlagen.

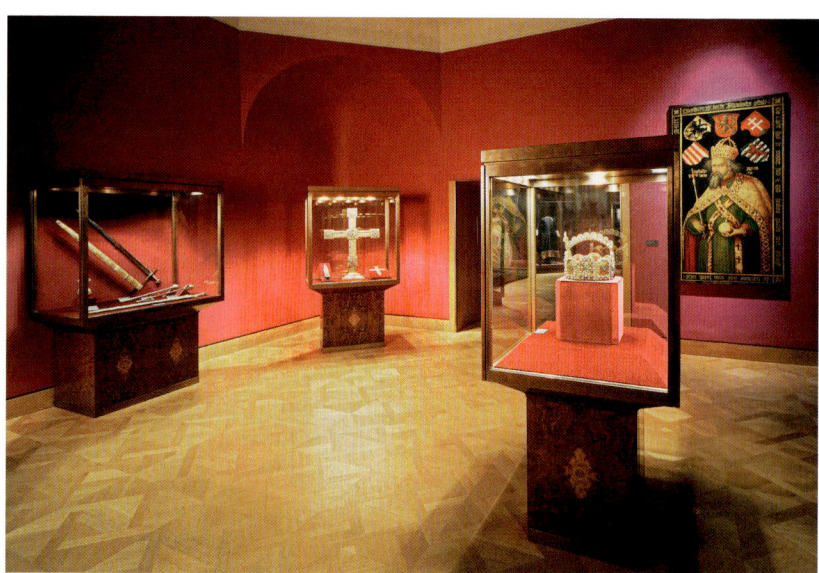

Wien – Schatzkammer des Kunsthistorischen Museums in der Hofburg

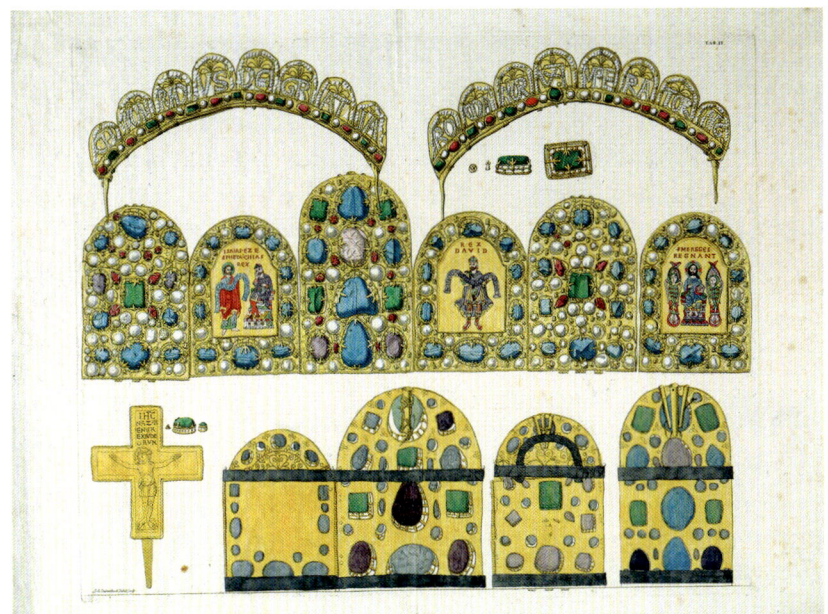

Reichskrone, zerlegt, Stich v. J. A. Delsenbach, um 1750

Schon die achteckige Form der Krone ist überaus symbolbeladen. Das Oktogon imitiert die Stadt Jerusalem. Die Zahl acht steht für die Auferstehung Christi, und die Bergpredigt mit den acht Seligpreisungen (Mt 5,3–12) gehört zu den Kerntexten des Neuen Testaments. Besonders eindrucksvoll sind die vier Bildplatten, die sich an den Seiten der Krone befinden. Sie bestehen aus mit Edelsteinen geschmückten Emailtafeln. Die Bildplatte auf der (vom Kronenträger her gesehen) linken hinteren Seite zeigt König David (*rex David*) mit einem Spruchband in Händen. Darauf ist Psalm 98,4 zu lesen: „Die Ehre des Königs liebt das gerechte Urteil" (*honor regis iudicium diligit*). Auf der Bildplatte vorne links ist König Salomon abgebildet (*rex Salomon*). Sein Spruchband lautet gemäß Psalm 3,7: „Fürchte Gott und meide das Böse" (*time dominum et recede a malo*). Die nächste Bildplatte befindet sich rechts vorne. Sie zeigt den thronenden Christus (*Majestas Domini*), den zwei Engel (Cherubim) umgeben. Darüber stehen die Worte: „Durch mich herrschen die Könige" (*per me reges regnant*). Hier spricht Christus als Weltenherrscher, und mit seinen Worten benennt er die Legitimation des weltlichen Königs. Rechts hinten folgt die Bildplatte mit dem Propheten Jesaja vor König Hiskija. Der Prophet hält dem König auf dem Spruchband die Gnadenworte aus Jesaja 38,5 vor: „Siehe ich füge deinen Tagen 15 Jahre hinzu"

Die Zeichen des Herrschers ▪ 13

(*Ecce adiciam super dies tuos XV annos*). Der fromme König Hiskija erlangte durch sein Gebet trotz seiner Krankheit fünfzehn weitere Jahre, um als guter König zu wirken. Die Idee der Reichskrone, so zeigt sich an diesem gesamten Bildprogramm, war vollständig von der politischen Theologie eines Christuskönigtums durchdrungen, das mit dem Königtum des Alten Testaments in Beziehung gesetzt wurde.

Im Verlauf des 11. Jahrhunderts vereinigten sich die Herrscherzeichen zu einem Ensemble der Reichsinsignien, zu denen im weiteren Verlauf der Jahre und Jahrhunderte weitere Prunkstücke hinzukamen wie der Mantel, die Handschuhe, die Sporen und die Spangen (Armillae). Ein legitimer Herrscher musste im Besitz all der Herrschaft begründenden Gegenstände sein. Aus diesem Grunde forderte schon der junge Heinrich V., der seinem Vater, Heinrich IV., das Königtum entriss, an der Jahreswende 1105/1106 von ihm die Auslieferung der „königlichen beziehungsweise kaiserlichen Insignien". Sie waren vom Vater in der Burg Hammerstein am Rhein in Sicherheit gebracht worden. Nun musste er, der Gefangene seines Sohnes, sie in die Pfalz Ingelheim bringen lassen, „nämlich Kreuz und Lanze, Zepter, Reichsapfel und Krone" (*crucem scilicet et lanceam, sceptrum, globum atque coronam*) und „in die Gewalt des Sohnes übergeben" (Ekkehard von Aura, Chronik, zu 1106). Damit sah man das Königtum des Vaters als erloschen an. Zur Vermittlung göttlicher Hilfe und Autorität war also die legitimierende Funktion für den Herrscher hinzugekommen.

Reichsinsignien wurden allmählich selbst zum Inbegriff von Herrschaft. Dies gilt vor allem für die Krone. In Deutschland ging die Entwicklung nie so weit wie in Ungarn, wo die Stephanskrone zum Symbol für das Königreich wurde, oder in Aragòn, wo das Königtum durch die Krone bezeichnet wurde (Krone Aragòn). Aber auch im deutsch-römischen Reich entstand in der Zeit der Salier- und vor allem der Stauferherrscher des 11. und 12. Jahrhunderts die Vorstellung von einer Krone, in der das Reich symbolhaft in Erscheinung trat. In einer Urkunde Kaiser Heinrichs III. (1039–1056) findet sich der Ausdruck vom „Zustand unserer Krone" (*coronae nostrae status*, MGH D H III. 142), womit der „Zustand des Reichs" gemeint ist. Kaiser Heinrich V. sicherte sich in einer Urkunde von 1122 gegen diejenigen ab, „die gegen unsere Würde und Krone arbeiten" (*nostraeque dignitati ac coronae detrahentes*, Stumpf Nr. 3178 [künftig MGH D H V. 238]). Aus der Zeit Friedrichs I. Barbarossa (1152–1190) finden sich zahlreiche solcher Belege (CLASSEN, Corona). Auch Kaiser Friedrich II. (1212–1250) führte die Linie fort, indem er seine Getreuen aufrief, gegen die zu kämpfen, „die der Krone Abbruch tun wollen" (*qui coronam detrahere concupiscunt*, ebd. S. 504). Das Wort „Krone" erscheint hier metonymisch für das „Reich". Eine

Reichskreuz geöffnete Vorderseite

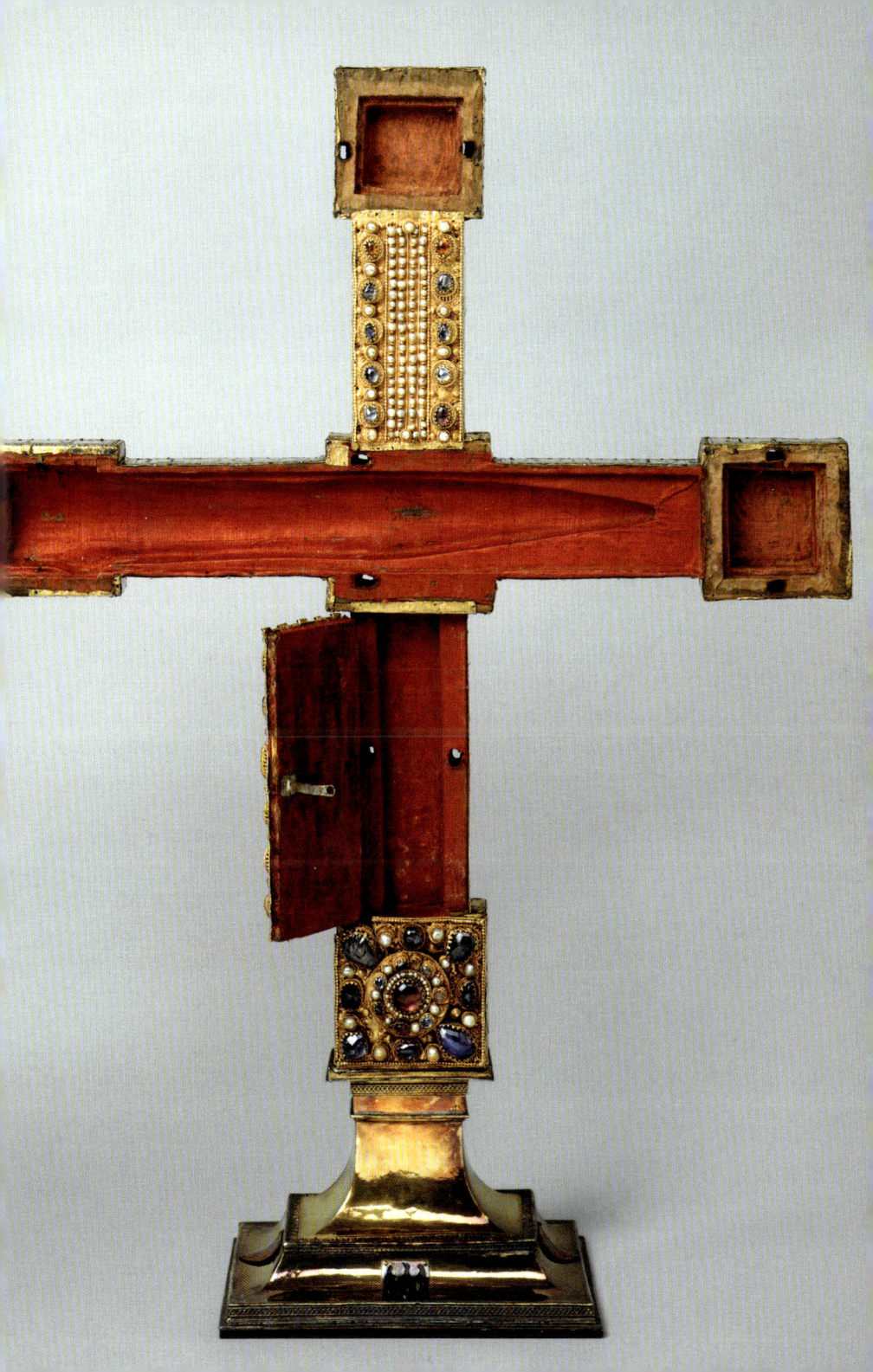

derartige Bedeutungserweiterung erfuhr keine andere Reichsinsignie, wohl aber ein Herrschaftszeichen, das im weiteren Sinne auch zu den Insignien zählte: der Thron Karls des Großen in Aachen. Mit ihm wird in den Quellen schon frühzeitig die Vorstellung vom „Sitz des Reichs" (*solium regni*) in Verbindung gebracht.

Was sich der Papst unter den Reichsinsignien vorstellte, welche Bedeutung und Wirkung er ihnen beimaß, das hat Gregor IX. (1227–1241) kurz nach seinem Amtsantritt in einem Brief vom 22. Juli 1227 an Kaiser Friedrich II. selbst dargelegt (MGH Epistolae selectae I Nr. 365). Dort lesen wir, es gebe fünf kaiserliche Zeichen (*insignia imperialis celsitudinis culmini deputata*). Ihre „Mysterien" wolle er dem Kaiser fest ins Herz einschreiben, damit dieser sie nicht vergesse. Das Kreuz „mit dem Holz des Herrn" und die Lanze „mit dem Nagel" sollen dem Kaiser in feierlichen Prozessionen vorangetragen werden.

Diese Symbole sollen ihm stets vor Augen stehen, denn sie seien der Schlüssel zum Paradies. Die goldene Krone mit den Edelsteinen soll er auf dem Haupte tragen. Das Zepter schließlich soll er in der rechten Hand, den goldenen Reichsapfel aber in der linken Hand halten. Mit der Lanze sei die Seite Christi geöffnet worden, aus welcher die Gnade für das Heil des Kaisers entströmt sei. Daran und an die Leiden Christi möge er immer denken. Mit der Krone sei er dreifach gekrönt, wie auch Christus mit einer dreifachen Krone versehen sei. Sie umfasse die „Krone der Gnade" (*corona gratiae*), „die Krone der Gerechtigkeit (*corona iustitiae*) und „die Krone des Ruhmes" (*corona gloriae*). Die Aufgaben dieser drei Kronen solle er so ausüben, damit er dereinst die ewige Krone im Himmel erlange. Die dreifache Krönung sei aber auch auf die Krone des Reichs nördlich der Alpen, sodann diejenige über das Königreich Italien (Ligurien) und schließlich auf die Kaiserkrone zu beziehen. Die Krone zum Kaiser habe er vom „Vater" erhalten, vom Papst selbst, und sie erhebe ihn über alle Gewalten der Welt empor, „so dass du an Ruhm und Ehre alle anderen Fürsten der Welt überragst". Mit dem Zepter in der Rechten soll er die Bösen bestrafen. Der goldene Reichsapfel in der Linken habe weder Anfang noch Ende, und ebenso ohne Grenzen soll der Kaiser die Barmherzigkeit ausüben, die Unterdrückten befreien und die Armen trösten.

So war der Kaiser auch im 13. Jahrhundert ausgestattet mit Herrschaftszeichen, die in der Deutung seiner Aufgaben noch weitgehend aus dem christlichen Ordnungs- und Wertedenken hergeleitet wurden. Die „säkularisierte" Krone des Reichs blieb eng verbunden mit der Krone, die Christus selbst dereinst im Himmel dem guten und gerechten König auf das Haupt setzen würde. Auch bei den anderen Herrschaftsinsignien überdauerte die sakrale Aura die Zeiten und behielt ihre Wirkung bis in neuere, „moderne" Epochen unserer Geschichte – und auch heute noch strahlen die Reichsinsignien ihren eigenen Zauber aus.

Jan Keupp

▪ Die Reichskleinodien – Tradition und Wandel

„Wo sind meine Körbe, in denen sich mein tragbarer Schatz befindet?", soll Kaiser
Friedrich II. in einem Aufwallen des Zornes ausgerufen haben, als er von seiner
Absetzung durch das Konzil von Lyon am 17. Juli 1245 erfuhr: „Lasst sehen, ob
meine Kronen verloren sind!" Erst nachdem er ein Diadem gefunden und sich aufs
Haupt gesetzt hatte, wich seine Wut souveräner Selbstsicherheit: und er drohte dem
Papst und seinen Lakaien mit blutiger Vergeltung.[1] Die Episode aus der Feder des
englischen Mönches Matthäus Paris verrät zweierlei über den Stellenwert mittelalterlicher Herrschaftszeichen: Zum einen verfügte ein Kaiser des hohen Mittelalters
offenbar über mehrere Kronen, die jede für sich geeignet waren, seine erhabene
Würde sinnfällig zum Ausdruck zu bringen. Aus dem Besitz des Staufers sind mehrere Reifenkronen erhalten, Friedrich II. verfügte aber vermutlich auch über die
heute in der Wiener Schatzkammer verwahrte achteckige Bügelkrone. Außerdem
führte er nach zeitgenössischer Aussage eine geschlossene Kronhaube mit sich, „die
schwer war an Gewicht und Wert, ganz aus Gold und mit wertvollen Edelsteinen
besetzt, mit vielen getriebenen und erhabenen Bildwerken geschmückt, so dass
man sie für das Werk eines Bildhauers hätte halten können". Das beeindruckende
Schaustück, „groß wie ein Kochtopf", geriet 1248 in die Hände seiner päpstlichen
Gegner, ohne dass dieser reale Verlust der Krone Friedrichs Kaiserherrschaft mit
einem Schlag beendet hätte.[2]

Die ehrfurchtsvolle Bewunderung des Beutestücks verdeutlicht indes zum anderen
ebenso wie die kaiserliche Reaktion auf die Absetzungsbulle den enormen politischen
Stellenwert mittelalterlicher Insignien. Diese waren weit mehr als symbolisches Bei-
werk und schmückende Fassade königlicher Machtfülle. Der persönliche Rang des
Herrschers war in einem Reich ohne geschriebene Verfassung keineswegs im Sinne
einer modernen Institution verfestigt. Vielmehr musste die Autorität des Reichsoberhauptes stets von Neuem öffentlich bewiesen und zur Schau gestellt werden.

Die königlichen Zeichen dienten in mehrfacher Hinsicht als Repräsentanten
rechtmäßiger Regierungsgewalt: Sie hoben den Herrscher bereits rein äußerlich aus

der Gruppe der Fürsten heraus und rückten ihn sichtbar an die Spitze der adligen Rangordnung. Die überkommenen Kleinodien stellten ihn zudem in eine Reihe mit seinen Vorgängern im Königtum und verliehen ihm Anteil an deren Aufgaben, Leistungen und Pflichten. Das herrscherliche Handeln konnte somit aus der Tradition des Amtes heraus als begründet gelten. Die Einkleidung in die Insignien des Reiches war demgemäß Privileg und Bürde zugleich: Sie umgaben ihren Träger mit einer Aura gesteigerter Autorität, verpflichteten ihn jedoch zugleich auf ein Modell monarchischer Machtausübung, das letztlich in der Vorstellung einer gottgewollten Ordnung des irdischen Daseins sein festes Fundament besaß.

Zunächst stand das Zeichen, nicht das spezifische Artefakt, im Vordergrund der Herrschaftsrepräsentation. Nicht nur mehrere Kronen gehörten zum Schatz eines mittelalterlichen Herrschers. Im Reisegepäck des umherziehenden Reichsoberhauptes, aber auch an zentralen Orten seines Regiments, befanden sich vermutlich verschiedene Garnituren königlicher Kleidung unterschiedlicher Qualität und Ausführung. Doch ragten bereits früh einzelne Objekte aus dem Ensemble der verfügbaren Insignien hervor, die besonders in Zeiten politischer und dynastischer Krisen den rechtmäßigen König zu identifizieren vermochten. Die „Zeichen der alten Könige"[3] erlangten bereits in karolingischer und ottonischer Zeit als Symbole der Designation und Herrschaftsübergabe gesteigerte Bedeutung. So wundert es wenig, wenn der bayerische Herzog Heinrich nach dem Tod Kaiser Ottos III., der ohne Söhne geblieben war, sich im Jahr 1002 die Herrschaftszeichen des Verstorbenen durch eine handstreichartige Aktion gegen dessen Leichenzug zu sichern suchte. Die Heilige Lanze, die auf Anweisung des Kölner Erzbischofs heimlich vorausgesandt worden war, musste ihm nachträglich ausgeliefert werden, nachdem er den Bruder des Prälaten kurzerhand in Beugehaft genommen hatte. Mit dieser als siegbringende Reliquie geschätzten Insignie ließ der Herzog sich wenige Monate später als König Heinrich II. „die Regierung und die königliche Gewalt" übertragen.[4]

Wie die Übernahme, so konnte auch die Aufgabe der Herrschergewalt mit einer Übertragung der äußeren Zeichen des Königtums verbunden sein: In die Gefangenschaft seines aufständischen Sohnes geraten, sah sich Kaiser Heinrich IV. am Jahreswechsel 1105/6 gezwungen „ihm unverzüglich Kreuz, Krone und Heilige Lanze und die übrigen Herrschaftszeichen zu übergeben, wenn ihm sein Leben lieb sei".[5]

Mit dieser Trias aus Heiliger Lanze, dem zu Beginn des 11. Jahrhunderts gefertigten Reichskreuz und einer zunächst nicht näher bezeichneten Krone lässt sich damit im hohen Mittelalter ein stabiler Kernbestand fassen, um welchen sich im

Übergabe der Reichsinsignien von Heinrich IV. an seinen Sohn,
Chronik des Ekkehard von Aura, 1. Hälfte 12. Jahrhundert

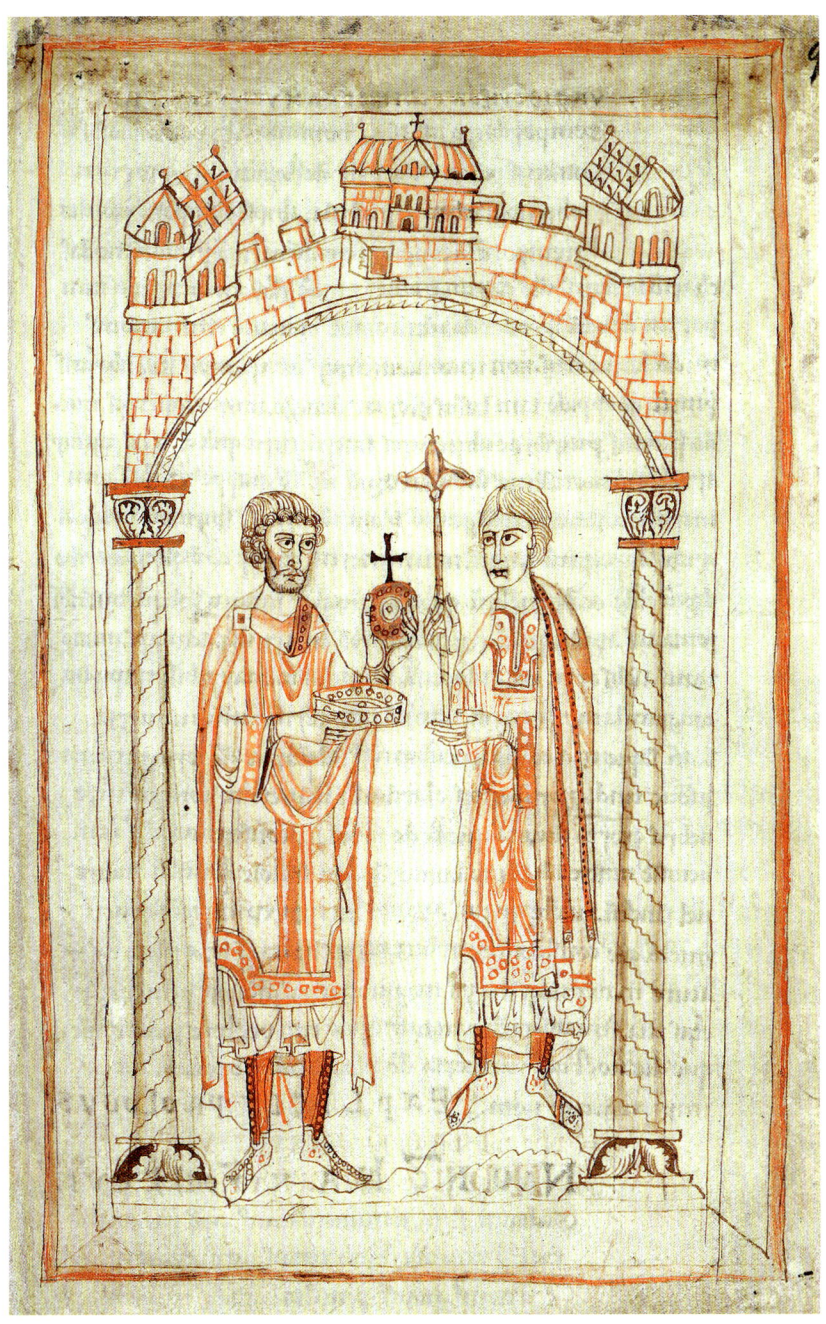

Lauf der Zeiten weitere Insignienstücke gruppierten. Vor allem in der Spätphase staufischer Herrschaft rückten diese drei zentralen Objekte als sichtbarer Ausweis rechtmäßiger Regierungsgewalt ins Zentrum politischer Argumentation. Die Sicherung des vom Vorgänger überkommenen Insignienbestandes gegenüber politischen Rivalen gewann gegen Ende des Hochmittelalters im Zeichen des staufisch-welfischen Thronstreits und der Doppelwahlen des Interregnums an besonderer Dringlichkeit: „Wir haben in unserer Gewalt das heilige Kreuz, die Lanze, die Krone, die kaiserlichen Gewänder und alle anderen Zeichen des Reiches", so ließ es König Philipp Anfang Juni 1206 in seinem Rechtfertigungsschreiben an den Apostolischen Stuhl verlautbaren.[6] Das Bemühen Konrads IV., die „kaiserlichen Zeichen" 1246 auf dem Trifels vor dem Zugriff seines Rivalen Heinrich Raspe zu sichern,[7] gehört ebenso wie die für 1255 überlieferte Meldung Wilhelms von Holland, mit der Reichsburg auch in den Besitz von Krone und Lanze gelangt zu sein, zu den notwendigen Maßnahmen symbolischer Herrschaftssicherung.

Die Verfügungsgewalt über den Insignienhort der Amtsvorgänger konnte so zusehends zum argumentativ wirksamen, wenn auch nicht rechtlich verbindlichen Ausschlusskriterium beim Erwerb der höchsten weltlichen Würde avancieren. Es sei die vornehmste Aufgabe jedes Anwärters auf das römische Königtum, die *imperialia insignia* in seinen Besitz zu bringen, so urteilte 1411 der kuriale Kanzleischreiber Dietrich von Nieheim. Diese hätten nämlich „seit urdenklichen Zeiten und bis an dem heutigen Tag besonders bei den Deutschen in so hoher Achtung und Verehrung" gestanden, dass jeder neue Herrscher, „der ihres Besitzes entbehrt, von jenen Deutschen und besonders deren Adel nicht für einen Kaiser oder König gehalten" werde.[8]

Wie das Reich selbst seit der Mitte des 12. Jahrhunderts, so wurden auch seine Insignien an der Wende zum Spätmittelalter zusehends als „heilig" betrachtet. Wiederum im Gefolge eines Herrschaftskonfliktes – des hart umkämpften Königtums Ludwigs des Bayern – erfolgte in der ersten Hälfte des 14. Jahrhunderts eine Zuschreibung von Krone, Reichsschwert und einzelnen Herrschergewändern an den heiliggesprochenen Idealherrscher Karl den Großen. In den Rang von Reliquien erhoben und an die politische Erfolgsbilanz des mächtigen Frankenkaisers rückgebunden, gewannen diese Objekte eine exzeptionelle Sonderstellung. Sie bildeten jenen Bestand an unverzichtbaren Herrschaftszeichen, der von unerheblichen Verlusten abgesehen im Kern das Krönungszeremoniell der römisch-deutschen Könige bis zum Ende des alten Reiches 1806 bestimmte.

Die am Übergang zur Neuzeit eintretende Erstarrung des Insignienschatzes konservierte ein historisch gewachsenes, symbolisch ausdrucksstarkes Zeichenensemble unterschiedlichster Zeitstellung und Provenienz. Der repräsentative Pomp aus

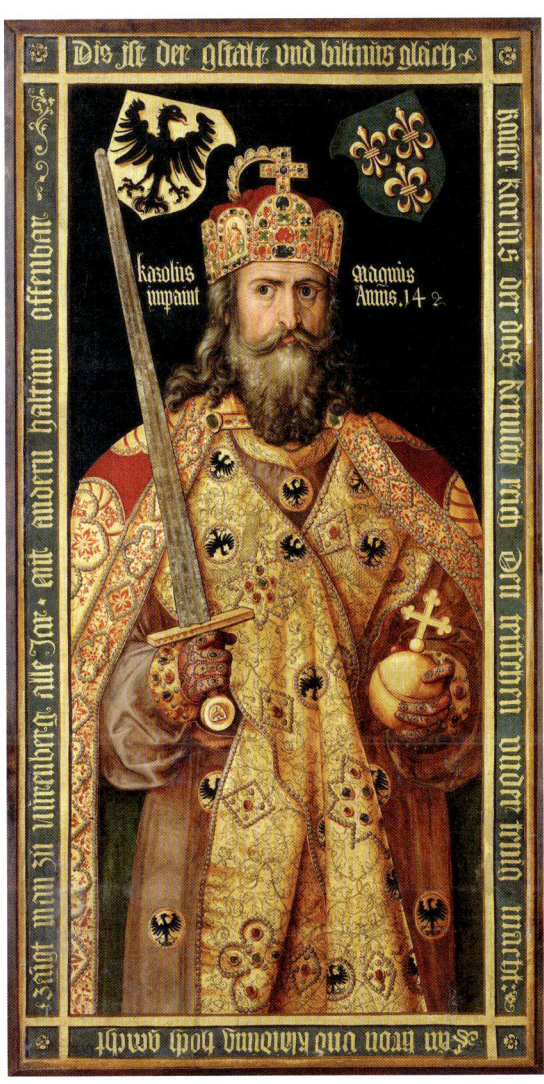

Idealbild Karls des Großen,
Albrecht Dürer,
Nürnberg 1511/13

mittelalterlicher Gewandung und altehrwürdigen Insignien stieß bei Betrachtern späterer Jahrhunderte indes oft genug auf Unverständnis und Verwunderung. So schwankten die Urteile der Zeitgenossen im Wandel der Epochen zwischen borniertem Spott und sehnsuchtsvoller Ehrfurchtsbekundung. In Zeiten der Aufklärung etwa glaubte der gelehrte Ritter Karl Heinrich von Lang, die „in ihren zerrissenen Fetzen prangende Kaiserkrönung" der letzten römisch-deutschen Herrscher als trefflichen Beleg einer „eiskalt erstarrten und kindisch gewordenen" Tradition verachten zu müssen.[9] Waren die kaiserlichen Zeichen für ihn nichts als das verstaubte Relikt einer schwindenden Vergangenheit, so avancierten sie nach dem Ende des alten Reiches im Gefolge der Romantik mancherorts zu Sinnbildern einer Hoffnung auf nationale Neuanfänge. Dem Dichter Heinrich Heine wiederum erschien die Hinterlassenschaft des Mittelalters unter dem Eindruck der Revolution des Jahres 1848 als verblichener purpurner Plunder: „Das alles stinkt nach Mäusedreck, / Das ist verfault und verschimmelt, / Und in dem stolzen Lumpenkram / Das Ungeziefer wimmelt".[10]

Während das „zweite" deutsche Kaiserreich besonders unter Wilhelm II. wieder symbolisch an den Mythos der mittelalterlichen Kaiserherrlichkeit anzuknüpfen suchte, bemühte sich auch das nationalsozialistische Dritte Reich darum, die aus Wien nach Nürnberg geschafften Insignien als Instrument politischer Propaganda nutzbar zu machen. Mit ihrer Hilfe sollte der ideologische Brückenschlag von der Stärke und Dauerhaftigkeit des römisch-deutschen zur Weltmachtsphantasie des Großdeutschen Reiches vollzogen werden. Immerhin war eine derartige Manipulation im völkischen Sinne mit dem Symbolgehalt der Stücke selbst nicht ohne Weiteres zu vereinbaren. So beklagten sich Angehörige der SS bezeichnenderweise darüber, als Ehrenwache für eine Krone mit den Abbildern „jüdischer" Könige des Alten Testaments abkommandiert worden zu sein.

Die museale Präsentation der Reichskleinodien in der Wiener Schatzkammer erscheint heute vom nationalen Pathos befreit. Dennoch bleiben die Objekte in ihrer mittelalterlichen Fremdheit weiterhin ein faszinierendes Feld für Spekulationen und widerstreitende Forschungsmeinungen. Ein allgemeiner Konsens zur Datierung und zum ikonographischen Zeichengehalt von Reichskrone oder Krönungsmantel lässt sich derzeit kaum erkennen. Der moderne Museumsbesucher mag seine eigene Sichtweise dennoch in den Worten eines Johann Wolfgang von Goethe wiederfinden. Dieser verhöhnte die letzten Kaiser des Heiligen Römischen Reiches anlässlich ihrer Krönungsfeiern in Frankfurt zwar als Karikaturen und Wiedergänger Karls des Großen. Doch erkannte der Dichterfürst auch das enorme Erkenntnispotential der rätselhaften Zeichengebilde, ja er gewann ihnen gar „manche Lust ab". Dies umso mehr, als in seinen Augen auch der verblichene Glanz der kaiserlichen Zeichen „doch immer eine gewisse Deutung verbarg, irgendein inneres Verhältnis anzeigte, und solche symbolische Zeremonien das durch so viele Pergamente, Papiere und Bücher beinah verschüttete Deutsche Reich wieder für einen Augenblick lebendig darstellten".[11]

Hans Reither

Die Reichskleinodien –
Beschreibung der Hauptstücke

„Wie bunt und doch historisch zusammengesetzt
ist dieser auf der ganzen Welt einmalige Ornat!
Und was lässt sich an ihm nicht alles ablesen!“

(Percy Ernst Schramm)

Reichskrone

Deutsch, 10. bis 12. Jahrhundert; Gold, Email, Edelsteine, Perlen; Achteck: mittlerer Abstand 22 cm, Höhe der Stirnplatte 15,6 cm, Höhe des Kreuzes 9,9 cm

Bereits in der Antike zählte das Diadem – eine mit Edelsteinen besetzte Stirnbinde griechischen Ursprungs – zum wichtigsten Kopfschmuck des Herrschers. Das Diadem wurde erstmals von Alexander dem Großen (336–323 v. Chr.) als Zeichen des Sieges zum festen Königssymbol erhoben. Im antiken Rom war der Lorbeerkranz das höchste Abzeichen kaiserlicher Macht. Es war Kaiser Konstantin der Große (306–337 n. Chr.), der den entscheidenden Schritt vollzog und den bis dahin üblichen Lorbeerkranz durch das Diadem ersetzte. Wesentlich für die weitere Entwicklung dieser Vorform der mittelalterlichen Krone war die Verbindung von Diadem und kaiserlichem Prunkhelm. Vom spätantiken über das byzantinische Kaisertum entwickelte sich das Diadem zum vornehmsten und bedeutendsten Hoheitszeichen des mittelalterlichen Herrschers, zur edelstein- und perlengeschmückten goldenen Krone.

Bei der Reichskrone handelt es sich um eine einzigartige, mit Perlen, Edelsteinen und Emailarbeiten kunstvoll verzierte oktogonale Plattenkrone aus reinem Gold. Ihre acht, oben mit einem Rundbogen ausgebildeten Platten, welche untereinander mit perlenbesetzten Scharnieren verbunden sind, werden an der Innenseite durch zwei Eisenbänder fixiert.

Vier größere Platten – die sogenannten Steinplatten – sind ausschließlich mit Perlen, Edelsteinen und weiteren Schmuckelementen ausgeführt. Die vier kleineren Bildplatten besitzen jeweils nur am Rande entsprechende Verzierungen und tragen zusätzlich in ihrer Mitte figürliche Darstellungen in Email. Eine rote Samthaube aus dem 18. Jahrhundert bedeckt den inneren Kronenkörper. Über der Stirnplatte erhebt sich das Kronenkreuz, und von der Stirnplatte zur Nackenplatte erstreckt sich der Kronenbügel. Zum ursprünglichen Bestand der Krone gehörten noch weitere Verzierungen. Auf der Nackenplatte sitzen links und rechts der Goldhülse für den Bügel zwei weitere, dünnere Goldröhrchen. Auch am oberen Rand der Schläfenplatten sind an der Innenseite je drei nach oben stehende Röhrchen angenietet. In diesen steckten vermutlich Nadeln mit so genannten Kolbenperlen oder länglich geformte Edelsteine. Am unteren Rand der beiden Schläfenplatten sitzen drei kleine waagerechte Goldröhrchen. Diese dienten dazu, längere Juwelenkettchen anbringen zu können, die als Pendilien bezeichnet werden und an die Infules der bischöflichen Mitra erinnern. Im Laufe der Jahrhunderte hat sich das Aussehen der Krone verändert, ihre heutige Form ist nur mehr ein Fragment.

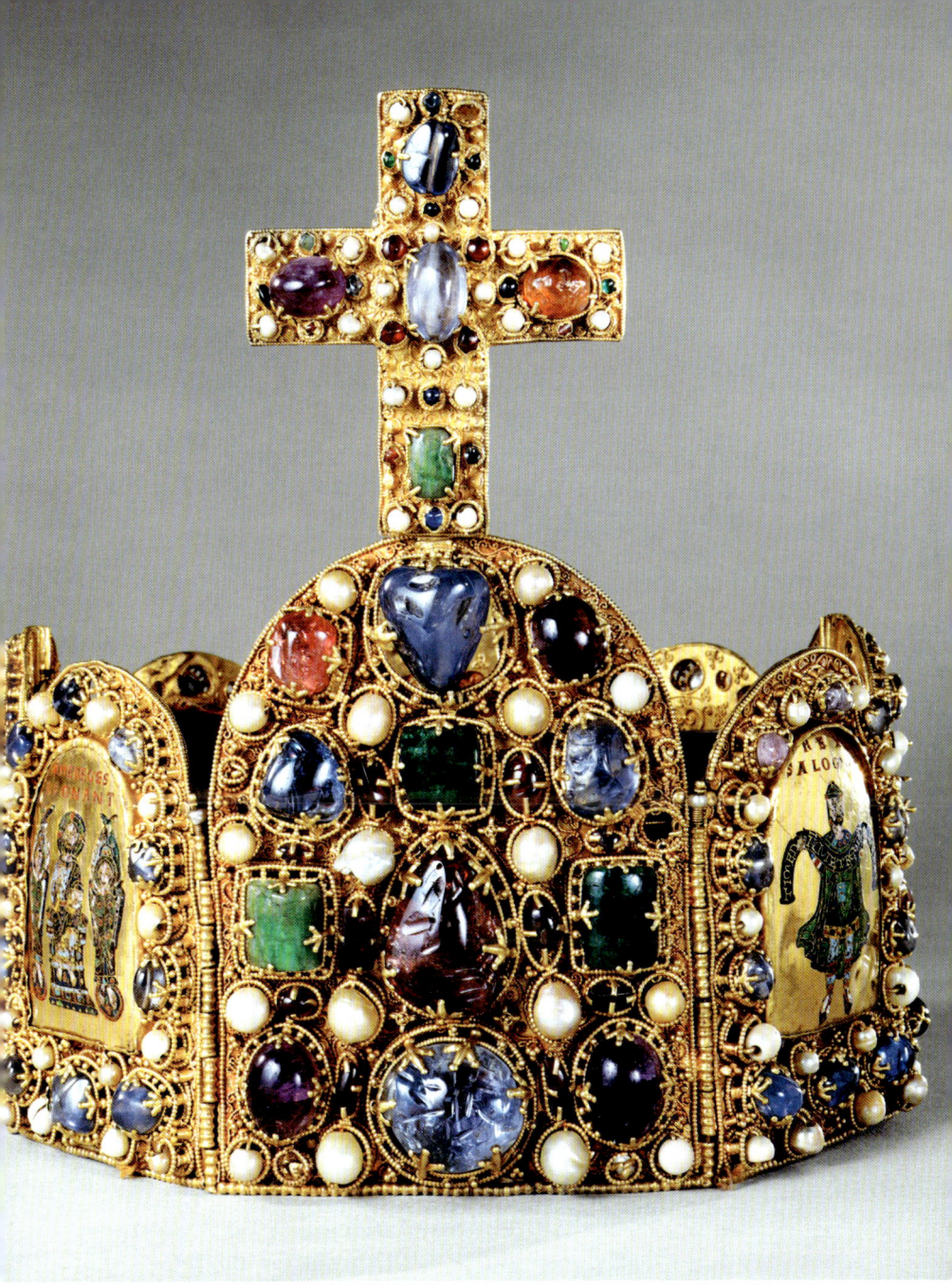

Reichskrone mit Stirnplatte

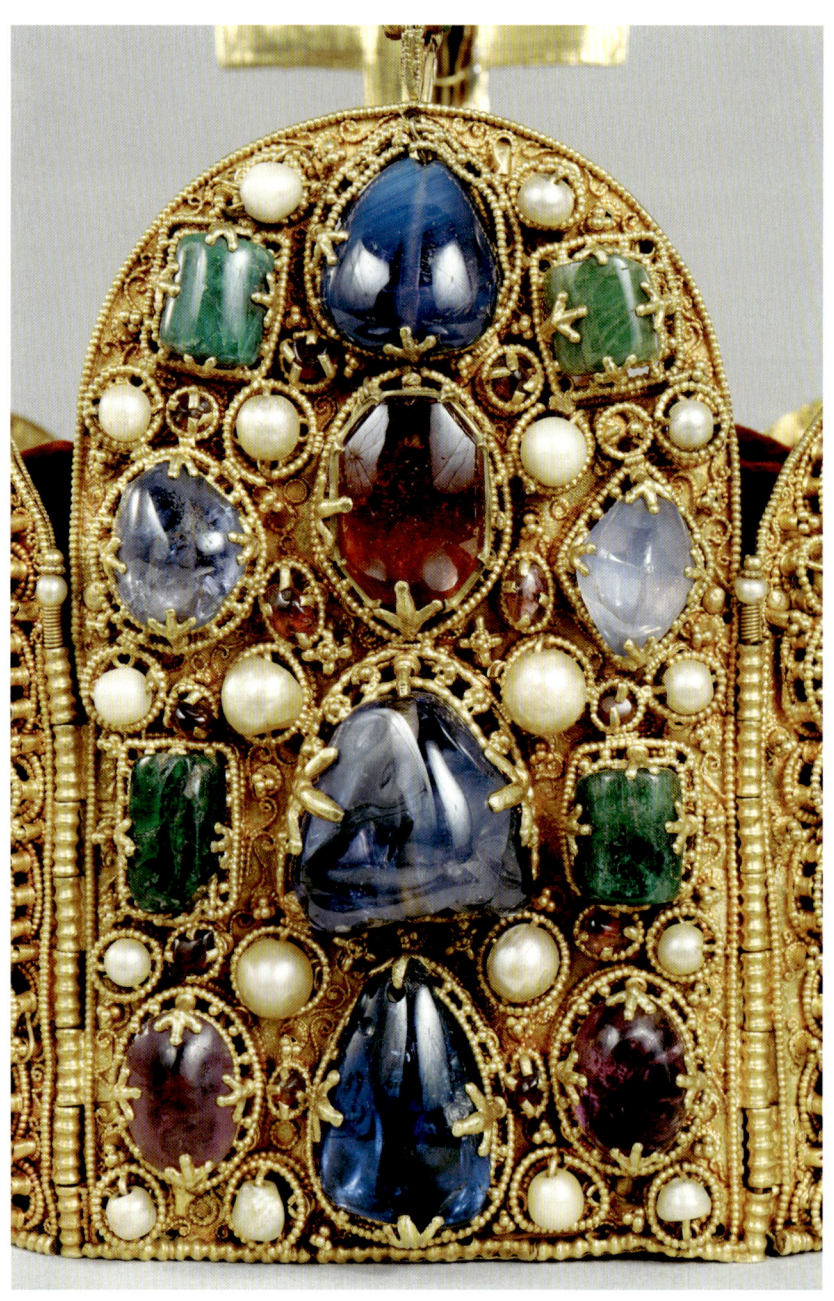

Nackenplatte

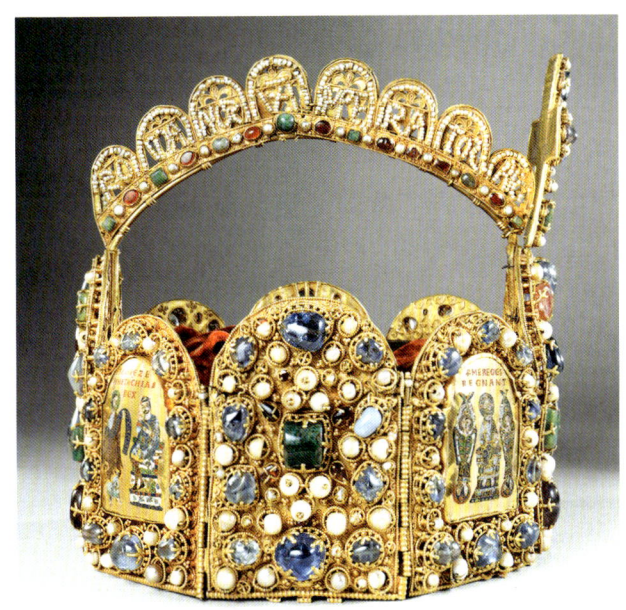

Krone rechte Seite

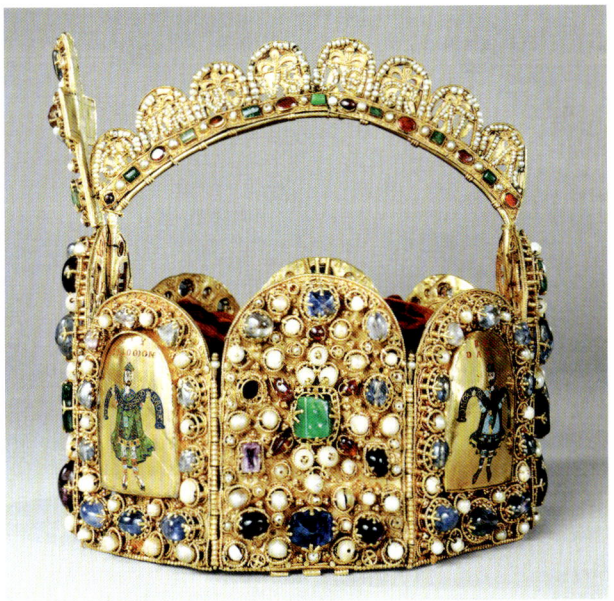

Krone linke Seite

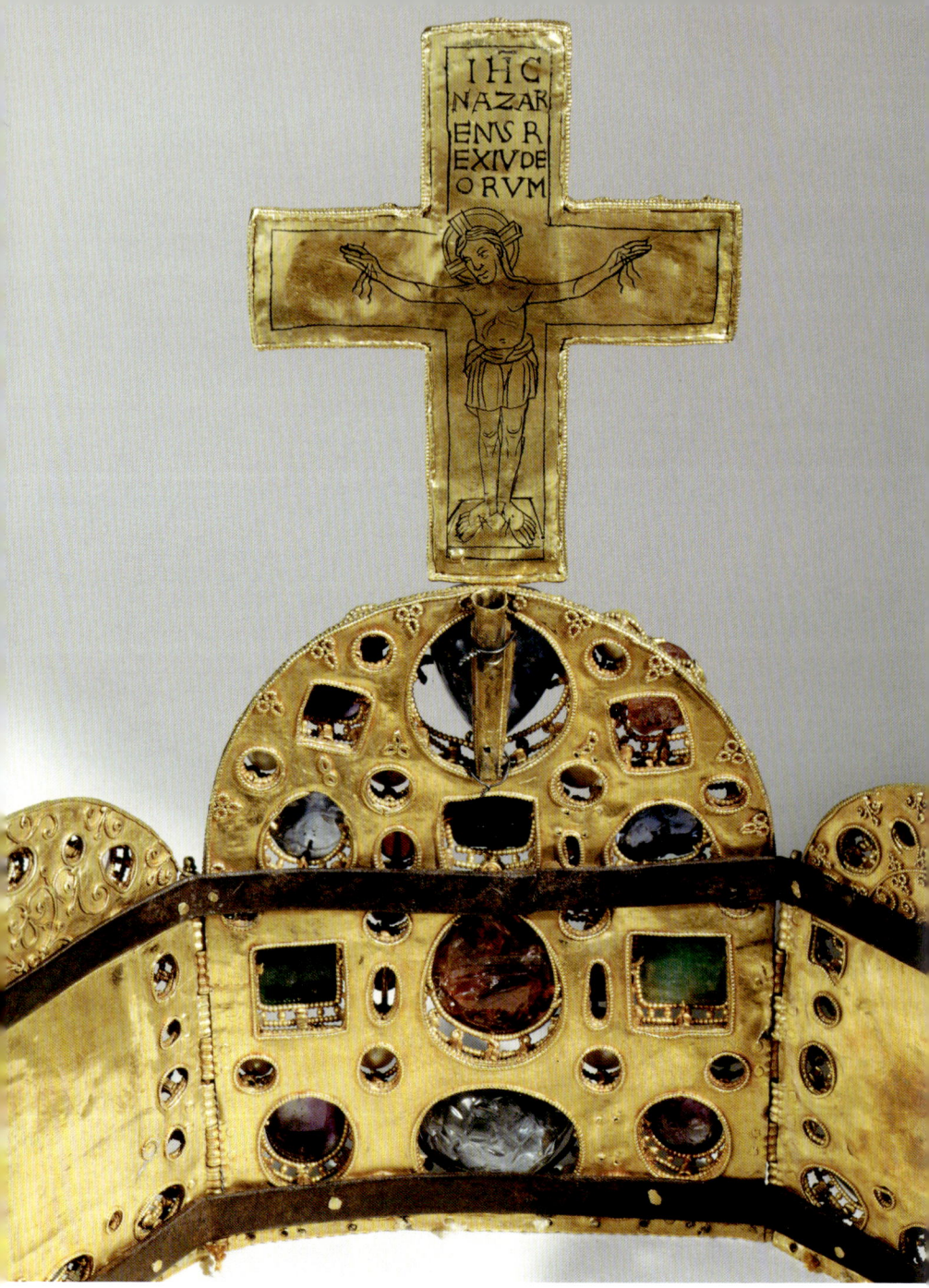

Krone – Rückseite Stirnplatte mit Kreuz

Stirnkreuz und Kronenbügel

Die Stirnplatte trägt ein kleines Kreuz, dessen Vorderseite ebenfalls mit Juwelen und weiteren dekorativen Elementen verziert ist. Seine Rückseite zeigt in Niello-Technik eine Darstellung des gekreuzigten Christus. Darüber befindet sich die Inschrift: „IHC NAZARENVS REX IVDEORVM (Jesus aus Nazareth, König der Juden). Der Stil der Gravuren lässt vermuten, dass Kaiser Heinrich II. (1002–1024) das Stirnkreuz hinzufügte. Von der Stirnplatte zur Nackenplatte wölbt sich der reich verzierte Bügel. Diesen aus zwei Goldplatten zusammengesetzten Hochbügel schmücken im unteren Teil kleine Perlen, Rubine und Smaragde. Der Bügel war, wie deutlich erkennbar, zerbrochen und wurde unten durch einen dicken Golddraht verstärkt. Den oberen Abschluss bilden acht kleinere Bögen aus durchbrochenem Goldblech. Die Bogenfelder schmückt jeweils eine aus Goldperlendraht gebildete Lilie. Darunter befindet sich auf beiden Seiten eine aus kleinen Perlen

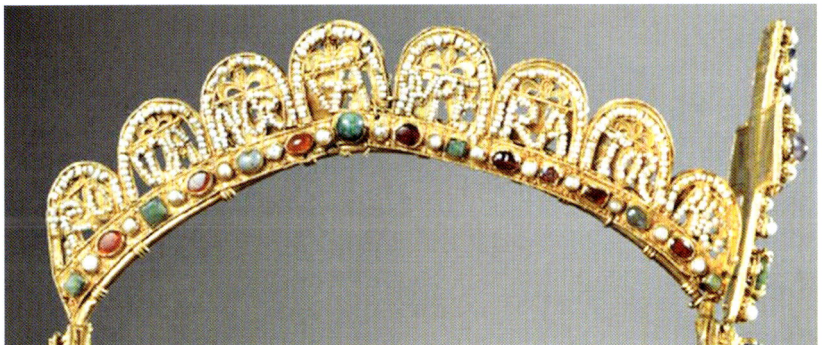

Kronenbügel, rechte Seite

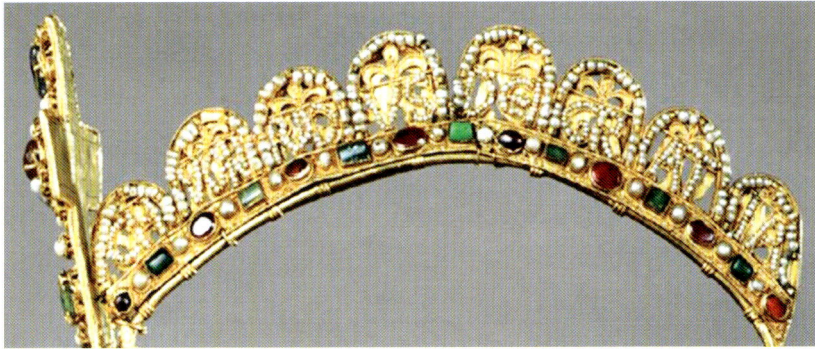

Kronenbügel, linke Seite

zusammengesetzte lateinische Inschrift: „CHVONRADVS DEI GRATIA / ROMANORV(M) IMPERATOR AVG(VSTVS)" – Konrad von Gottes Gnaden Kaiser der Römer [und] Augustus.

Die Inschrift des Kronenbügels lässt sich auf den salischen Kaiser Konrad II. (1024–1039) oder auf den Staufer Konrad III. (1138–1152) beziehen. Sie stellt wie das Kreuz vermutlich eine nachträgliche Hinzufügung dar. Gleichwohl ist die Entstehungsgeschichte der Reichskrone derzeit nicht abschließend geklärt. Verschiedene Untersuchungsansätze – Stilgeschichte, Materialanalyse, Inschriftenkunde, Interpretation des theologischen Bildprogramms und der historischen Nachrichten – haben deutlich abweichende Zeitansätze hervorgebracht, die ein Spektrum vom 10. bis zum 12. Jahrhundert abdecken.

Das Achteck der Krone

Die Krone ist ein einzigartiges Kunstwerk, und ihrer Gestaltung liegt eine politische und theologische Idee zugrunde. Ihre Symbolik basiert auf Erzählungen des Alten und Neuen Testaments. Der achteckige Kronenkörper, die Anzahl der Steine und Perlen sowie deren Anordnung und Farben sind wohldurchdacht. Die Anfänge einer symbolischen Bedeutung der Acht als eine vollkommene Zahl finden sich bereits im Altertum. Wegen ihrer idealen, dem Kreis angenäherten Grundform wurden seit der Spätantike von den römischen Kaisern und deren Nachfolgern achteckige Kultbauten errichtet. Das berühmteste Zeugnis für das frühe Mittelalter ist die achteckige Pfalzkapelle Karls des Großen in Aachen.

Doch ist die besondere Symbolik der Acht christlichen Ursprungs, was zahlreiche Textstellen im Alten und Neuen Testament bestätigen. Sie basiert auf der Folge von sechs Schöpfungstagen und einem Ruhetag. Der achte Tag entspricht dann der ewigen Glückseligkeit und gilt als Vollendung der christlichen Weltordnung. Außer dem Schöpfungsbericht verweist die Bibel zum Beispiel auf die Auferstehung Christi am achten Tag (Joh 20,26), auf die acht Seligkeiten, die Christus in der Bergpredigt verheißt (Mt 5,3–12), und bei der Sintflut sind es acht Menschen, die sich in die Arche begeben (1 Mose 7,13). In der mittelalterlichen Vorliebe für die Heiligkeit der Zahl Acht liegt der Grund für die einmalige Ausführung der Krone als Oktogon.

Die Bildplatten

Jede dieser vier Goldblechplatten trägt in ihrer Mitte Bilddarstellungen in Zellschmelztechnik, umrahmt von jeweils zehn Saphiren und 14 Perlen.

Drei der vier Emailplatten tragen alttestamentarische Darstellungen, die vierte zeigt Christus umgeben von zwei Engeln (Cherubim). Vom Träger aus gesehen befinden

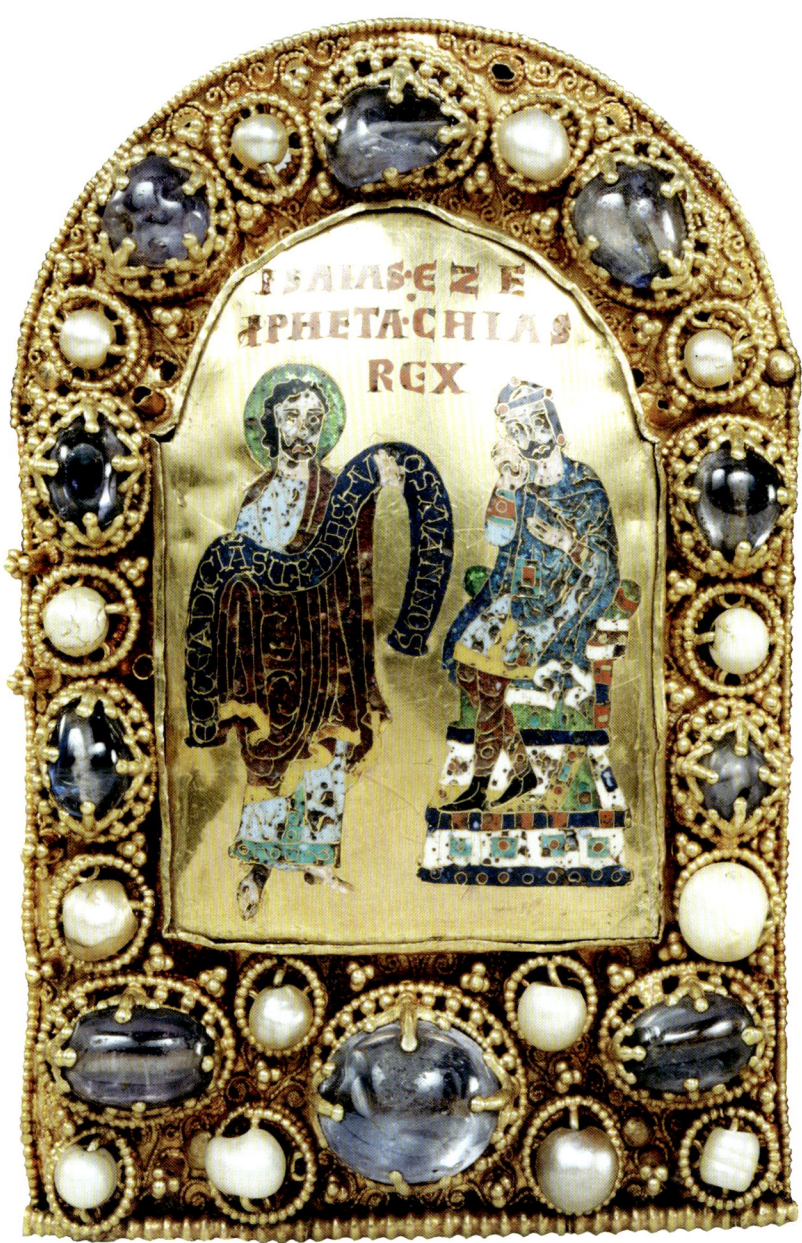

Jesaja-Ezechias-Platte

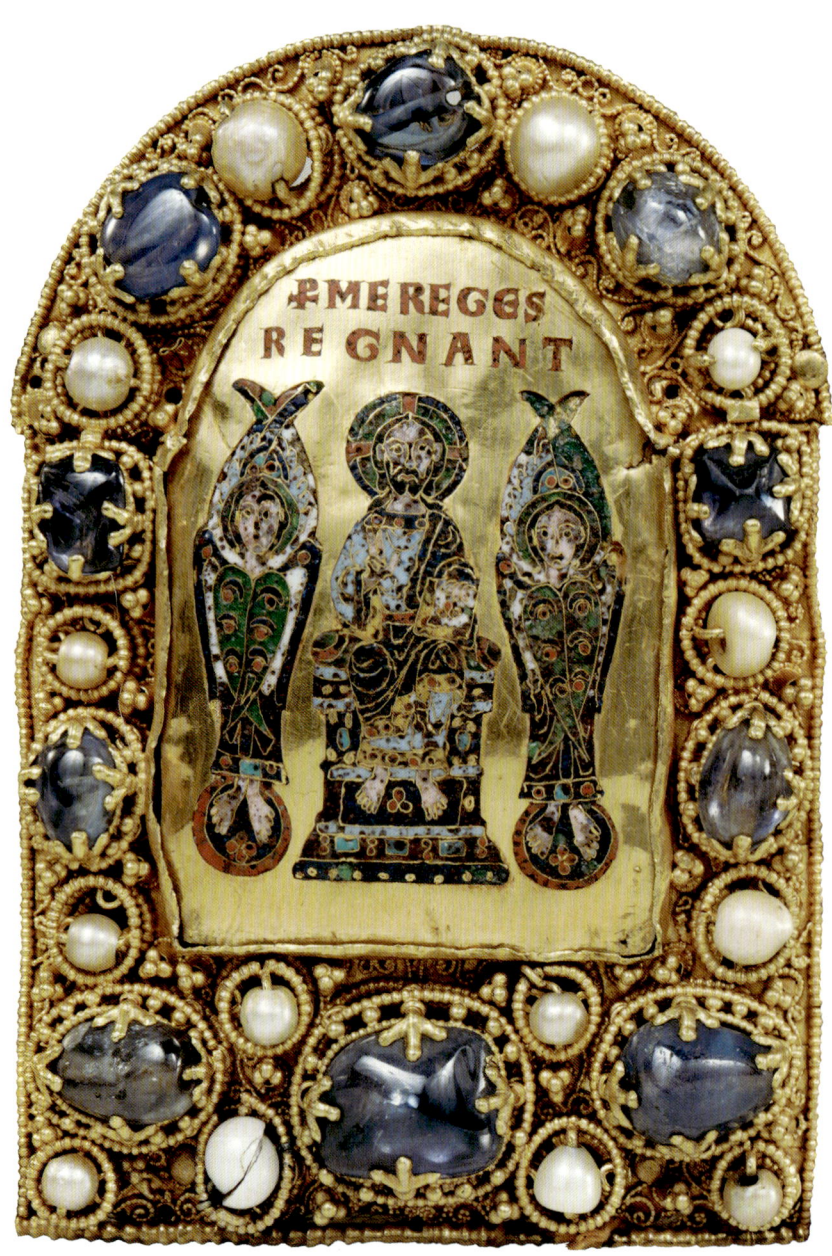

Majestas-Domini-Platte

sich auf den linken Bildplatten die beiden berühmten israelitischen Könige, David und dessen Sohn Salomon. König David, hinten links, hält ein Spruchband mit dem Psalmvers: „HONOR REGIS IUDICIVM DILIGIT" (Die Ehre des Königs liebt das gerechte Urteil). Der Vers bei König Salomon, vorne links, lautet: „TIME DOMINVM ET RECEDE A MALO" (Fürchte Gott und meide das Böse). Auf der rechten Kronenhälfte zeigt die hintere Platte Bilder des „ISAIAS PROPHETA" und „EZECHIAS REX". Der Prophet Jesaja übermittelt mit seinem Schriftband im Auftrage Gottes dem König Ezechias die Worte: „ECCE ADICIAM SVPER DIES TVOS XV ANNOS" (Siehe ich füge deinen Tagen 15 Jahre hinzu). Vorne rechts, auf der sogenannten Majestas-Domini-Platte, ist Jesus mit zwei Engeln und dem Zitat: „PER ME REGES REGNANT" (Durch mich herrschen die Könige) zu sehen. Die inhaltliche Aussage der vier zitierten Sprüche verweist auf die mittelalterliche Krönungsliturgie und beschreibt die wichtigsten Eigenschaften des guten Herrschers.

Die Edelsteinplatten

Die *Stirnplatte,* die größte der acht Kronenplatten, wird von zwölf Edelsteinen (Saphire, Smaragde, Amethyste) unterschiedlicher Größe in vier Dreiergruppen bedeckt. Zwischen den großen Steinen verteilt sitzen zehn kleine Rubine. Von vier kleinen Fassungen fehlt bei dreien der Inhalt, in der Fassung ganz unten rechts sitzt eine kleine Perle. Außer den üblichen filigranen Verzierungen sind 17 – ursprünglich 18 – große Perlen angebracht, da eine Perle am oberen rechten Rand fehlt. Der Saphir in der mittleren oberen Fassung wurde offensichtlich nachträglich eingesetzt. An seiner Stelle saß, entsprechend dem Stirnjuwel antiker und byzantinischer Herrscherkronen, vielleicht ein Edelopal, der sogenannte „Waise". Die reale Existenz dieses mehrfach in den Quellen erwähnten „Leitsterns" der Reichskrone ist jedoch in der Forschung umstritten und ist derzeit nicht mit Sicherheit zu klären. Die *Nackenplatte* ist ähnlich verziert wie die Stirnplatte. Auch sie weist 12 große Steine und 18 Perlen auf. Sie besitzt aber nur zwölf kleine Rubine, und der mittlere Stein in der zweiten Reihe, ein geschliffener Hyazinth, wurde nach 1764 neu eingesetzt. Auch die beiden *Seitenplatten* sind nahezu identisch. Auf beiden Platten gruppieren sich um einen Smaragd vier herzförmige Rubine. Identisch sind auch die dreiblattartig zusammengefassten sechs größeren Perlen, unmittelbar oberhalb und unterhalb des Smaragds. Des Weiteren zieren zehn größere Steine und 37 Perlen verschiedener Größe die linke Seitenplatte. Auf der rechten Seitenplatte befinden sich neun größere Steine – einer fehlt – und 48 Perlen unterschiedlicher Größe. Da im Laufe der Jahrhunderte an der Krone Ausbesserungen vorgenommen wurden bzw. Steine und Perlen verloren gegangen sind, ist der ursprüngliche Bestand nicht mehr genau feststellbar. Die verwendeten Edelsteine und Perlen stammen aus dem Nahen und Fernen Osten (Indien, Ceylon, Ägypten, Ural).

Reichsapfel – Globus

Westdeutsch (Köln), um 1200; Harzmasse, Gold, Edelsteine, Perlen; Höhe 21 cm, Kugeldurchmesser 9,5 cm

Ein dünnes, mit vier senkrechten Bändern und einem waagrechten Reifen verziertes Goldblech umkleidet den Harzkern des Reichsapfels. Die Perlen auf dem waagrechten Reifen gingen verloren. Die von einer Bodenplatte ausgehenden, mit Edelsteinen, Perlen und Golddraht geschmückten vier Bänder enden am Pol der Kugel in einer mit Rubinen und Edelsteinen besetzten Platte. Auf dieser steht das mit lilienförmigen Balkenenden verzierte Kreuz. Auch der Globus stellte bereits in der Antike ein wichtiges Symbol der „Weltordnung" dar. Spätestens durch die Geographie des Ptolemaios hatte sich die Idee von der Kugelform der Erde allgemein verbreitet. Vermittelt durch die Enzyklopädien des Isidor von Sevilla (um 560–636) und Beda Venerabilis (angelsächsischer Mönch und Gelehrter, 673/74–735) prägte dieses Bild auch die astronomischen Vorstellungen des Mittelalters, und man war überzeugt, dass Gott bei der Erschaffung des Kosmos die vollkommene Gestalt, die Kugelform, gewählt habe. Bereits unter den Römer hatte der Globus seit der frühen Kaiserzeit als wichtiges Sinnbild weltumspannender Herrschaftsgewalt gedient. Wahrscheinlich ist jedoch, dass der Globus im Altertum nicht als tatsächliches Objekt aufgefasst wurde, sondern lediglich als Symbol auf bildlichen Darstellungen Verwendung fand. Im 5. Jahrhundert wurde dem Globus das Kreuz aufgesetzt, ein Zeichen dafür, dass der Kaiser in der Funktion eines Stellvertreters Christi seine Herrschaft über den gesamten Erdkreis ausübt. Um die Jahrtausendwende berichten die Quellen von der Verwendung eines real existierenden Reichsapfels anlässlich der Kaiserkrönung Heinrich II. im Jahr 1014. Der Reichsapfel wird somit zum wirklichen Herrschaftszeichen, das sich in der Mitte des 12. Jahrhunderts endgültig durchsetzt. Nicht sicher ist, ob der in der Wiener Schatzkammer aufbewahrte Reichsapfel für einen der staufischen Herrscher (Heinrich VI., Philipp von Schwaben) oder für den Welfen Otto IV. angefertigt wurde.

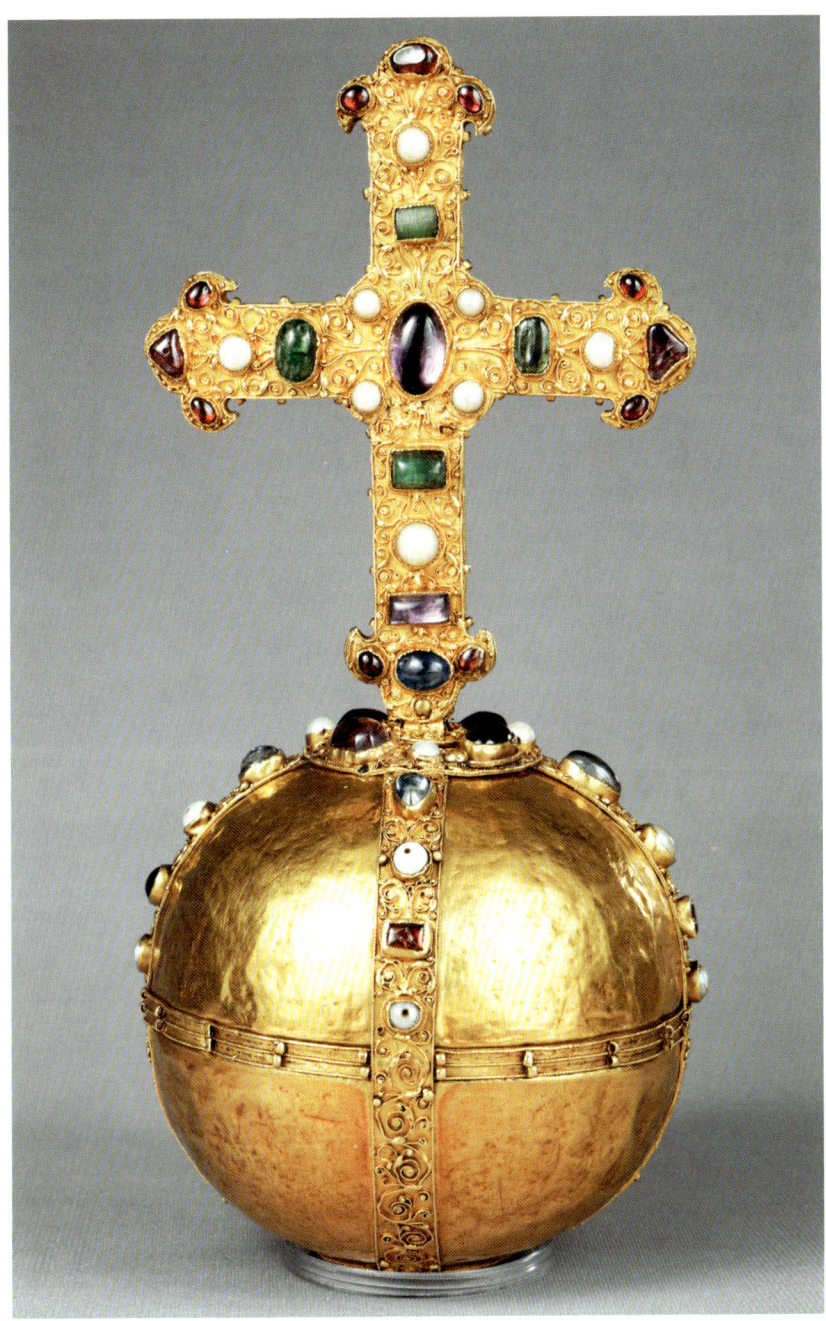

Zepter

Deutsch, 1. Hälfte 14. Jahrhundert; Silber vergoldet; Länge 61,5 cm

Der schlanke, mit drei Knaufringen unterteilte Sechskantstab wurde aus vergoldetem Silberblech angefertigt. Die Spitze des Zepters wird von sechs stilisierten Eichenblättern, die eine Eichel umschließen, bekrönt. Das Zepter (griech. Skeptron) entwickelte sich aus dem mannshohen Stab, einem allgemeinen Symbol geistlicher und weltlicher Amtsgewalt. Der Stab als Herrschaftszeichen, ob kurz oder lang, gehörte in der späten Antike gegen Ende des 3. Jahrhunderts zum festen Bestand der kaiserlichen Insignien. Durch seine Funktion als Gerichtszeichen im Alten Testament stellte ein Zepter in der Hand des Herrschers eine Insignie von besonderem Wert dar. Mehrere Textstellen in der Bibel unterstreichen die gesetzgeberische und

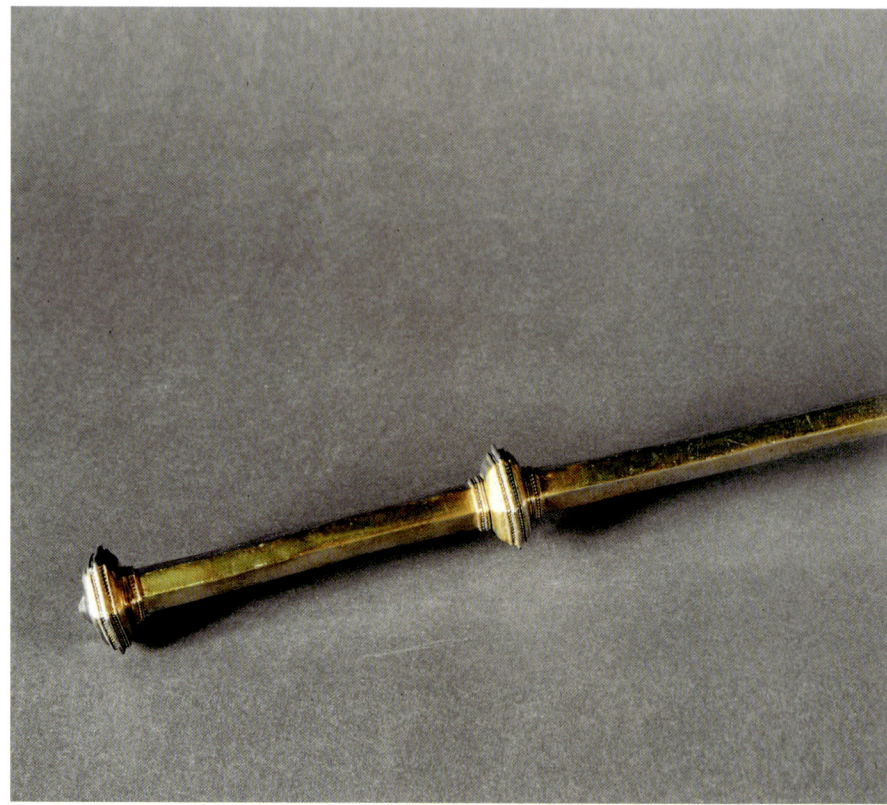

strafende Funktion des Zepters. So z. B. Psalm 110 (2), wo es heißt: „Der Herr wird das Zepter deines Reiches senden aus Zion: Herrsche unter deinen Feinden" oder bei Ester 4,11: „…wer zum König hineingeht…, der nicht gerufen ist, der soll stracks nach dem Gebot sterben; es sei denn, dass der König das goldene Zepter gegen ihn recke, damit er lebendig bleibe…"

Im hohen Mittelalter verdrängt das kurze Zepter spätestens nach dem Investiturstreit den langen Stab, der als geistliches Würdezeichen (Bischofs-, Abtsstab) weite Verwendung findet.

Anders als der Reichsapfel spielt das Zepter in seiner repräsentativen Funktion eine aktive Rolle als Instrument der Rechtsprechung. Es versinnbildlicht die Aufgabe des Königs als dem obersten Gerichtsherrn. Zudem diente es im Zuge der Amtseinsetzung geistlicher Fürsten als Symbol der Übertragung der weltlichen Herrschaftsrechte durch den König.

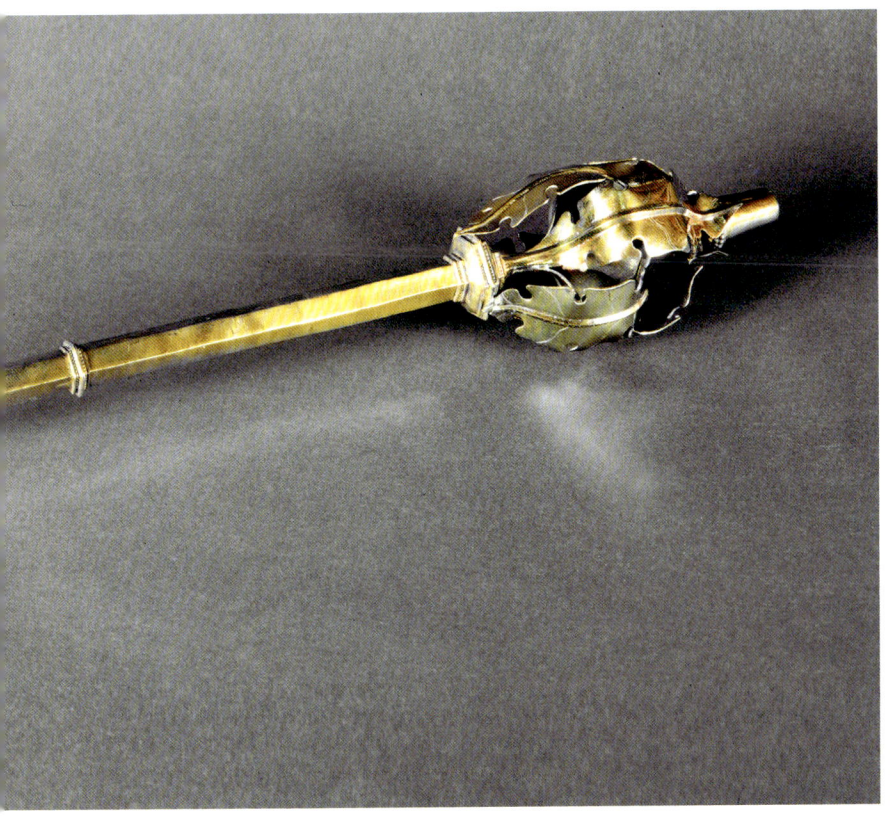

Reichsschwert (Mauritiusschwert)

Klinge: Frankreich (?), Ende 12. Jahrhundert; Stahl, Gold, Silberdraht; Länge 110 cm

Die Scheide besteht aus einem mit Goldblech verzierten Olivenholz und ist 101 cm lang. Sie wurde vermutlich um 1084 in Italien für die Kaiserkrönung Heinrichs IV. angefertigt.

Auf jeder ihrer Seiten sind sieben bekrönte Figuren abgebildet, sodass daraus eine Reihe von insgesamt vierzehn Herrschern entsteht. Wahrscheinlich sollte eine kontinuierliche Herrschaftsabfolge von Karl dem Großen bis zu Heinrich III. dargestellt werden. Die Zahl vierzehn, also zweimal die heilige Zahl sieben, könnte aber auch symbolischen Charakter haben. Die Anordnung dieser in Goldblech gearbeiteten Herrscherbilder macht deutlich, dass das Reichsschwert dazu bestimmt war, bei feierlichen Anlässen mit der Spitze nach oben dem Herrscher vorangetragen zu werden. Die Schwertklinge ist aus Stahl und hat eine Länge von 110 cm. Der Knauf und die Parierstange sind aus schwach vergoldetem Silber gefertigt, der Griff ist mit Silberdraht – wohl eine Ergänzung des 17. Jahrhunderts – umwickelt. Beide Seiten der Parierstange tragen lateinische Inschriften, die den nach der Krönung gesungenen Lobgesängen entnommen sind.

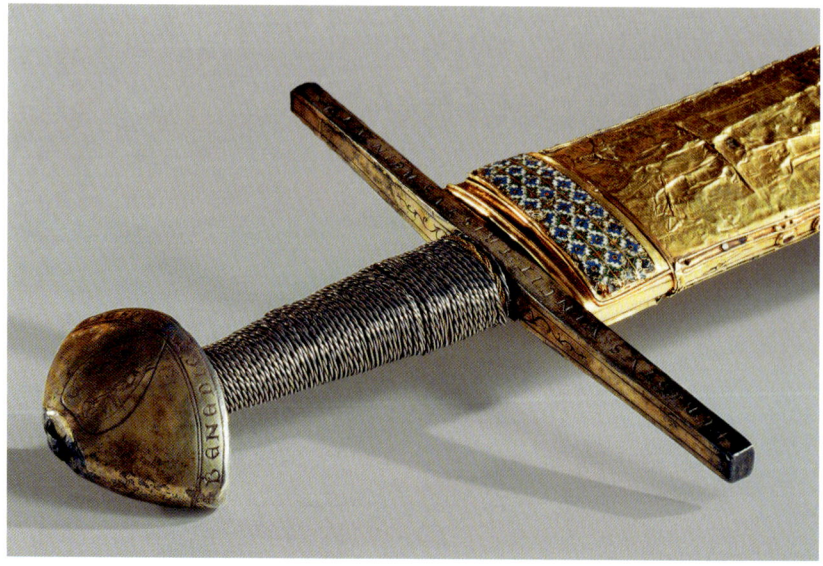

Schwertknauf und Parierstange mit Inschrift

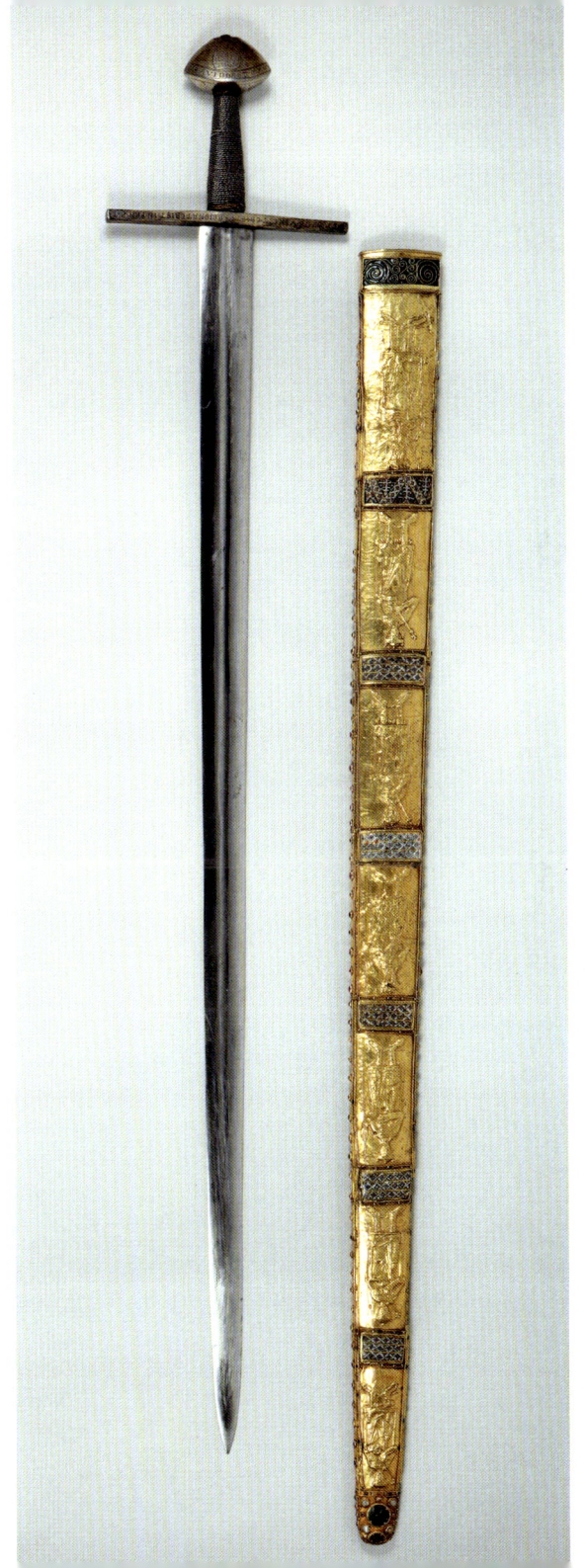

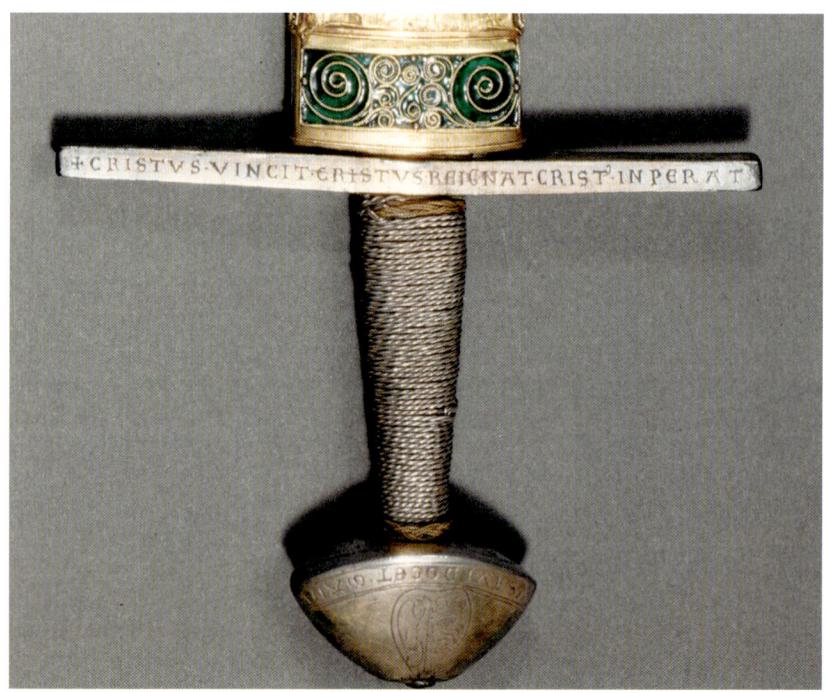

Schwertknauf und Parierstange mit Inschrift

† CRISTVS VINCIT CRISTVS REINAT (Christus siegt, Christus herrscht) und: † CRISTVS VINCIT CRISTVS REIGNAT CRIST(VS) INPERAT (Christus siegt, Christus regiert, Christus herrscht). Die erste genannte Inschrift ist bei abwärts gerichteter, die letzte bei aufwärts gerichteter Klinge zu lesen.

Angefertigt wurde die Schwertscheide wahrscheinlich im 11. Jahrhundert unter Kaiser Heinrich IV. Das Schwert selbst ist eine Neuanfertigung aus der Zeit des Welfen Otto IV. Am Knauf befinden sich ein Wappen mit dem Reichsadler und das Wappen Kaiser Ottos IV. mit folgender Inschrift: „BENEDICTVS DO(MINV)S DE(V)S QVI DOCET MANVS †" (Gepriesen sei [mein] Herr [und] Gott, der [meine] Hände [kämpfen] lehrt).

Seit dem 14. Jahrhundert wird die Waffe nach dem hl. Mauritius, dem Patron des Reiches und ritterlichen Heiligen, auch als Mauritiusschwert bezeichnet.

Reichsschwert, Detail der Scheide, Herrscherfigur

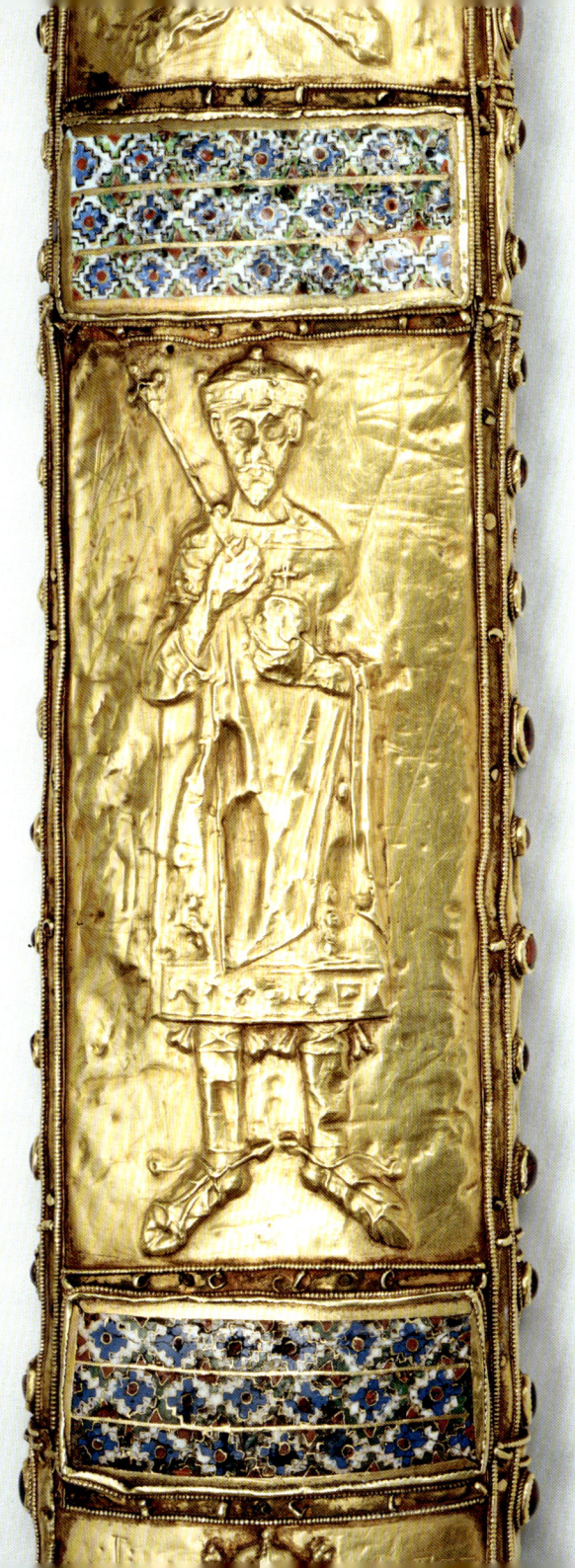

Zeremonienschwert

Palermo, vor 1220; Gesamtlänge 110 cm. Klinge: Stahl; Länge 108 cm. Griff und Parierstange: Holz, Email, Gold. Schwertknauf: Prag, 3. Viertel 14. Jahrhundert, Silber vergoldet, Durchmesser 5,5 cm. Scheide: vor 1220; Holz, Pergament, Leinen, Email, Perlen, Edelsteine, Silber, Goldblech; Länge 93 cm

Das Zeremonienschwert mitsamt seiner Scheide wurde für die Kaiserkrönung Kaiser Friedrichs II. um 1220 angefertigt. Es kann mit großer Wahrscheinlichkeit mit einem der beiden Schwerter identifiziert werden, die im Trifelsinventar von 1246 als *zwey schwert mit zwey Scheiden, gezieret mit edlem Gesteyne* aufgeführt sind. Der scheibenförmige Knauf aus vergoldetem Silber ist eine Ergänzung von Kaiser Karl IV. und zeigt auf der einen Seite den rechts gewendeten Reichsadler, auf der anderen Seite ist der böhmische Löwe dargestellt.

Die Scheide ist aus Holz gefertigt, welches mit einem Leinengewebe umwickelt wurde. Die geschmückte Außenseite des Leinengewebes mit vergoldetem Silberdraht und den aufgesetzten Goldplatten sowie deren Motiven in Senkschmelz folgt weitgehend byzantinischen Vorbildern. Mehr noch als das Email auf den Goldplatten beeindruckt die unverwechselbare Verzierung mit dem feinen „Würmchenfiligran" zwischen den Platten. Die interessanteste Schmuckform befindet sich auf dem Scheidenmundstück. Hier sind jeweils zwei mit einem Rubin besetzte Vierpässe aufgesetzt, umgeben von einer doppelten Perlenreihe und weiteren kleineren Zwischenplatten. Die jeweils auf beiden Seiten folgenden über Eck gestellten Goldplatten zeigen den einköpfigen nach rechts gewendeten Adler. Beide Darstellungen zählen zu den frühesten Beispielen eines Reichswappens aus der Stauferzeit.

All diese besonderen und unverwechselbaren Textil- und Goldschmiedearbeiten geben einen deutlichen Hinweis auf die königliche Hofwerkstatt Friedrichs II. in Palermo. Der Name des Schwertes kommt wohl daher, dass es seit dem 15. Jahrhundert von dem jeweils neu gekrönten König dazu benutzt wurde, verdienstvollen Personen als Belohnung den Ritterschlag zu erteilen.

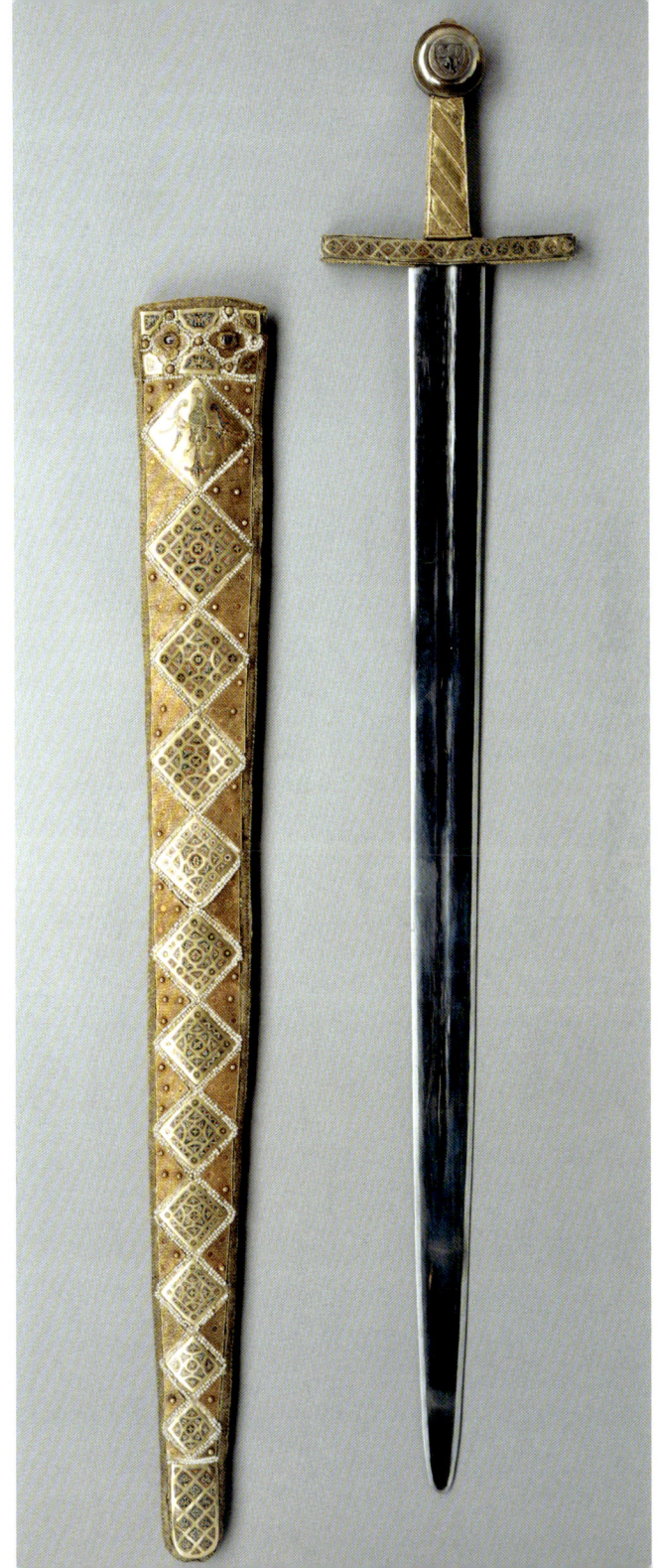

Reichskreuz

Westdeutsch, wohl um 1030; Höhe 92,5 cm (mit Fuß), Breite 71 cm

Gefertigt ist das Kreuz aus einem Eichenholzkern mit Aussparungen, welche als Reliquienfächer dienten. Außen ist es mit Goldblech verkleidet, innen mit rotem Leder gefüttert. Die Vorderseite ist dicht mit Edelsteinen und Perlen besetzt. Die Rückseite zeigt eine in Niello ausgeführte Zeichnung der zwölf Apostel, des Apokalyptischen Lamms sowie der vier Evangelistensymbole. Die Inschrift auf den Seitenflächen lautet: „ECCE CRVCEM DOMINI FVGIAT PARS HOSTIS INIQVI. HINC, CHVONRADE, TIBI CEDANT OMNES INIMICI" (Vor diesem Kreuz des Herrn möge der Anhang des Feindes fliehen. Daher mögen alle Feinde vor dir, Konrad, weichen). Mit „CHVONRADE" ist mit großer Sicherheit Kaiser Konrad II. gemeint. Das Kreuz ist zunächst ein christliches Triumphzeichen. Seit dem Sieg Kaiser Konstantins im Jahre 324 unter dem Zeichen des Kreuzes galt es zudem als Hoheitszeichen des Römischen Reiches – eine Idee, die von Karl dem Großen bewusst fortgeführt wurde und auf die sich auch die ottonischen und salischen Herrscher bezogen. Das Reichskreuz ist aber nicht nur ein juwelenbesetztes Triumphkreuz, sondern auch ein Reliquienbehältnis. Teile der Vorderseite lassen sich öffnen. Im Querarm wurde die Heilige Lanze aufbewahrt, in der unteren Schafthälfte befanden sich Partikel vom Kreuze Christi. Weitere Reliquien lagen in der oberen Schafthälfte wie auch in den kleineren Enden des Kreuzbalkens.

Der Fuß des Kreuzes besteht aus vergoldetem Silber und wurde wahrscheinlich anstelle eines älteren Vorgängers im Jahre 1352 im Auftrag Kaiser Karls IV. angefertigt, wie es die Inschrift bezeugt: „† ANNO MILLENO TERCIO QVVINQVAGENO SECVNDO KAROLVS AVGVSTVS ROMANVS REXQUE BOHEMVS HOC LIGNVM DOMINI TALI PEDE SIC DECORAVIT." (Im Jahre 1352 ließ Karl, der Römische Kaiser und König von Böhmen, jenes Holz [vom Kreuz] des Herrn mit diesem Fuß schmücken). Auf der Vorder- und Rückseite des Fußes befindet sich der nach rechts gewandte Reichsadler, und auf den Seitenflächen ist der königliche böhmische Löwe in Form von Wappenschilden angebracht.

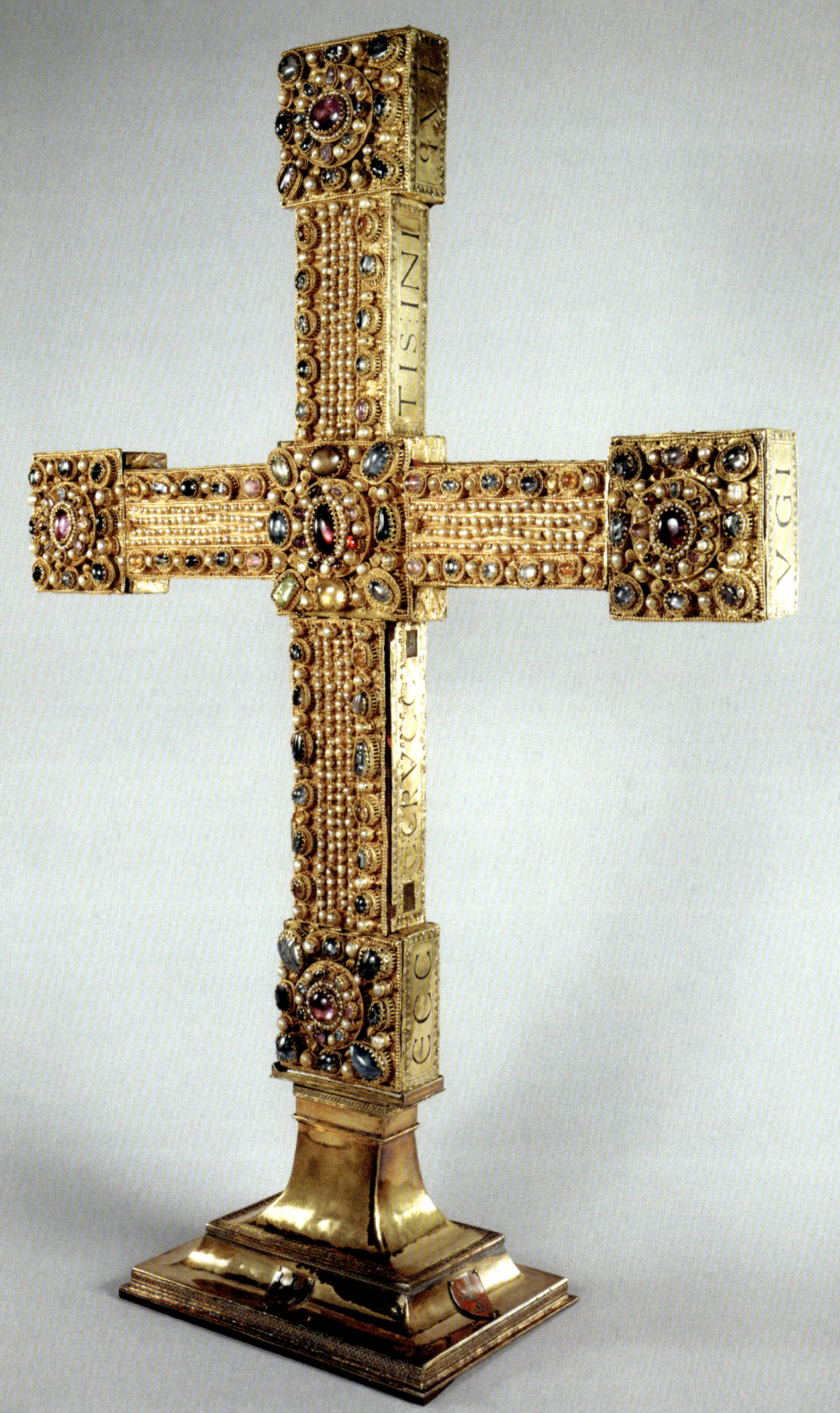

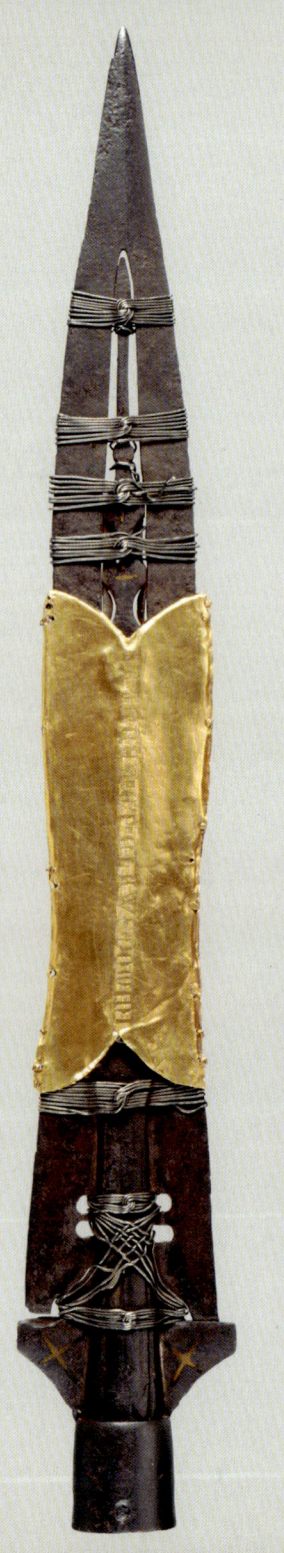

Heilige Lanze

Karolingisch, 8. Jahrhundert, mit Ergänzungen aus dem 11. und 14. Jahrhundert. Das Lanzenblatt besteht aus geschmiedetem Eisen (Stahl), Messing, Silber, Leder. Die Lanze ist 51 cm lang, die größte Breite beträgt 5 cm

Ihrem Typus nach ist die Heilige Lanze eine karolingische Flügellanze. Der Mittelteil des Lanzenblattes wurde auf eine Länge von 21 cm ausgestemmt. In diese Öffnung wurde ein Eisenstift, angeblich ein Nagel vom Kreuze Christi, eingesetzt. Sehr wahrscheinlich zerbrach bei diesem Ausstemmen das Blatt, und dies dürfte zur Reparatur mit den Bindungen aus Silberdraht geführt haben.

Die Bruchstelle ist dreifach verkleidet. Ein schmales Eisenband hält beide Teile zusammen. Über dieses wurde ein breites silbernes Band gelegt, und schließlich wurde darüber eine Goldmanschette angebracht. Die verdeckte silberne Manschette trägt auf einem vergoldeten Streifen folgende Inschrift: „CLAVVS DOMINICVS † HEINRICVS D(EI) GR(ATI)A TERCIVS ROMANO(RV)M IMPERATOR AVG(VSTVS) HOC ARGENTVM IVSSIT FABRICARI AD CONFIRMATIONE(M) CLAVI D(OMI)NI ET LANCEA SANCTI MAVRICII SANCTVS MAVRITIVS" (Nagel des Herrn † Heinrich von Gottes Gnaden der Dritte, Kaiser der Römer und Augustus, befahl, dieses Silberstück herzustellen zur Befestigung des Nagels und der Lanze des Heiligen Mauritius · Sankt Mauritius).

Kaiser Heinrich IV., in der Zählung der Kaiser der dritte, ließ also die silberne Manschette anbringen. Die Inschrift auf der Goldmanschette lautet: „† LANCEA ET CLAVVS DOMINI" († Lanze und Nagel des Herrn).

Die Manschette wurde im Auftrag von Kaiser Karl IV. angefertigt. Am Anfang des 10. Jahrhunderts galt die Heilige Lanze als Lanze Kaiser Konstantins und später als Lanze des hl. Mauritius. Erstmals beschrieben findet sie sich bei Liudprand von Cremona in dessen Erzählung (Antapodosis = Buch der Vergeltung) aus der Zeit um 961: „Die Lanze war anders als die sonstigen Lanzen nach Art und Gestalt etwas Neues, insofern als das Eisen beiderseits der Mitte des Grates Öffnungen hat, und statt der kurzen seitwärts gerichteten Zweige (*pollices*) erstrecken sich zwei schöne Schneiden bis zum Abfall des Mittelgrates (…). Und auf dem Dorn, den ich vorher den Grat nannte, trug sie Kreuze aus den Nägeln, die durch die Hände und Füße unseres Herrn Erlösers Jesu Christi geschlagen waren." Ihre Bedeutung als Reliquie kann nicht hoch genug eingeschätzt werden. Sie gehört zu den wichtigsten Herrschaftszeichen, garantierte die überzeitliche Legitimation des Herrschers und stellte den römisch-deutschen König und Kaiser unter besonderen göttlichen Schutz. Auch sicherte sie Erfolge in politischen und militärischen Unternehmungen zu. Sie war das wichtigste Zeichen der Unbesiegbarkeit. Die Heilige Lanze wurde 921/922 von Graf Samson als Herrschaftszeichen für das Königreich Italien an Rudolf von Burgund übergeben. Von Rudolf gelangte sie 926/935 in den Besitz König Heinrichs I. Als die Lanze des hl. Mauritius wurde sie seit der Zeit Konrads II. verehrt und im frühen 13. Jahrhundert als die Lanze gedeutet, mit welcher der Soldat Longinus dem gekreuzigten Christus die Wunde in dessen Seite zugefügt haben soll („Longinuslanze"). Ab dem 14. Jahrhundert setzte sich die Deutung als Passionsreliquie offiziell durch. Ihrem Status als kostbare Reliquie wurde seit dem Jahr 1354 dadurch Rechnung getragen, dass Papst Innozenz VI. zu Ehren von Lanze und Nagel einen Feiertag einführte.

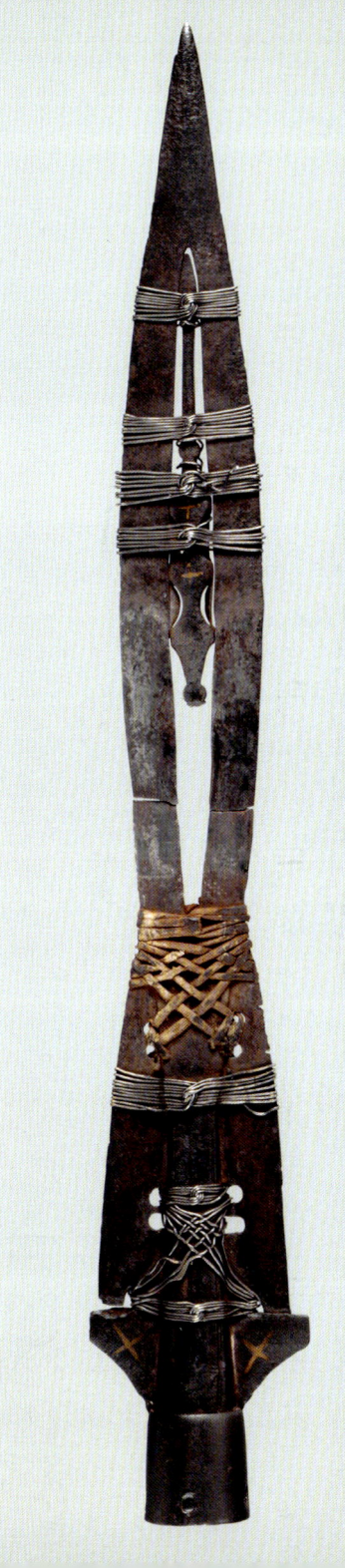

Reliquiar mit Kreuzpartikel

Kreuzförmiges Behältnis: Prag, nach 1530; Kiefernholz, Länge 25,3 cm, Höhe 31,3 cm, Breite 20,2 cm; Gold, Farbüberzug

Das Kreuzpartikel wurde ursprünglich im unteren Schaftteil des Reichskreuzes aufbewahrt. Seit wann die kostbare Reliquie zum Reichsschatz gehört, ist nicht überliefert. Vermutlich ist der Span ein Geschenk des byzantinischen Kaisers Romanos III. Argyros an den Salier Konrad II. Das Kreuzpartikel war neben der Heiligen Lanze die älteste und kostbarste Reliquie der Reichsinsignien.

Als Reliquien (*reliquiae* = Überbleibsel) bezeichnet werden alle sterblichen Überreste von Heiligen sowie in zweiter Instanz die Hinterlassenschaften und Zeugnisse ihres irdischen Wirkens. Verbunden damit war die Vorstellung von einer fortbestehenden Verbindung zwischen unsterblicher Seele und irdischem Körper. Die besondere Kraft (*virtus*) eines Heiligen blieb somit auch in seinen sterblichen Überresten präsent. Reliquien sollten daher der frommen Vergegenwärtigung des himmlischen Glanzes des Verstorbenen dienen und durch seine besondere Fürsprache bei Gott selbst wundertätig wirken. Das Kreuzesholz Christi, getränkt mit dem Opferblut des Heilands, bot somit einen direkten Zugang zur Sphäre des Himmelskönigs und Weltenrichters.

Das Zeichen des Kreuzes galt zudem als Symbol des Triumphes über Tod und Sündenschuld und genoss daher höchste Verehrung. Der Legende nach war es die hl. Helena, die Mutter Kaiser Konstantins des Großen, die 325 in Jerusalem das „wahre" Kreuz Christi wieder auffand. Mit der Übergabe des Partikels an Konrad II. verfügte das römisch-deutsche Königtum nach byzantinischem Vorbild über eine Christusreliquie, welche das Passionssymbol der älteren Zeit, die Heilige Lanze, an sakraler Ausstrahlung zunehmend in den Hintergrund treten ließ. Unter Kaiser Karl IV. wurde die goldene Fassung in Gestalt eines Vortragekreuzes angefertigt.

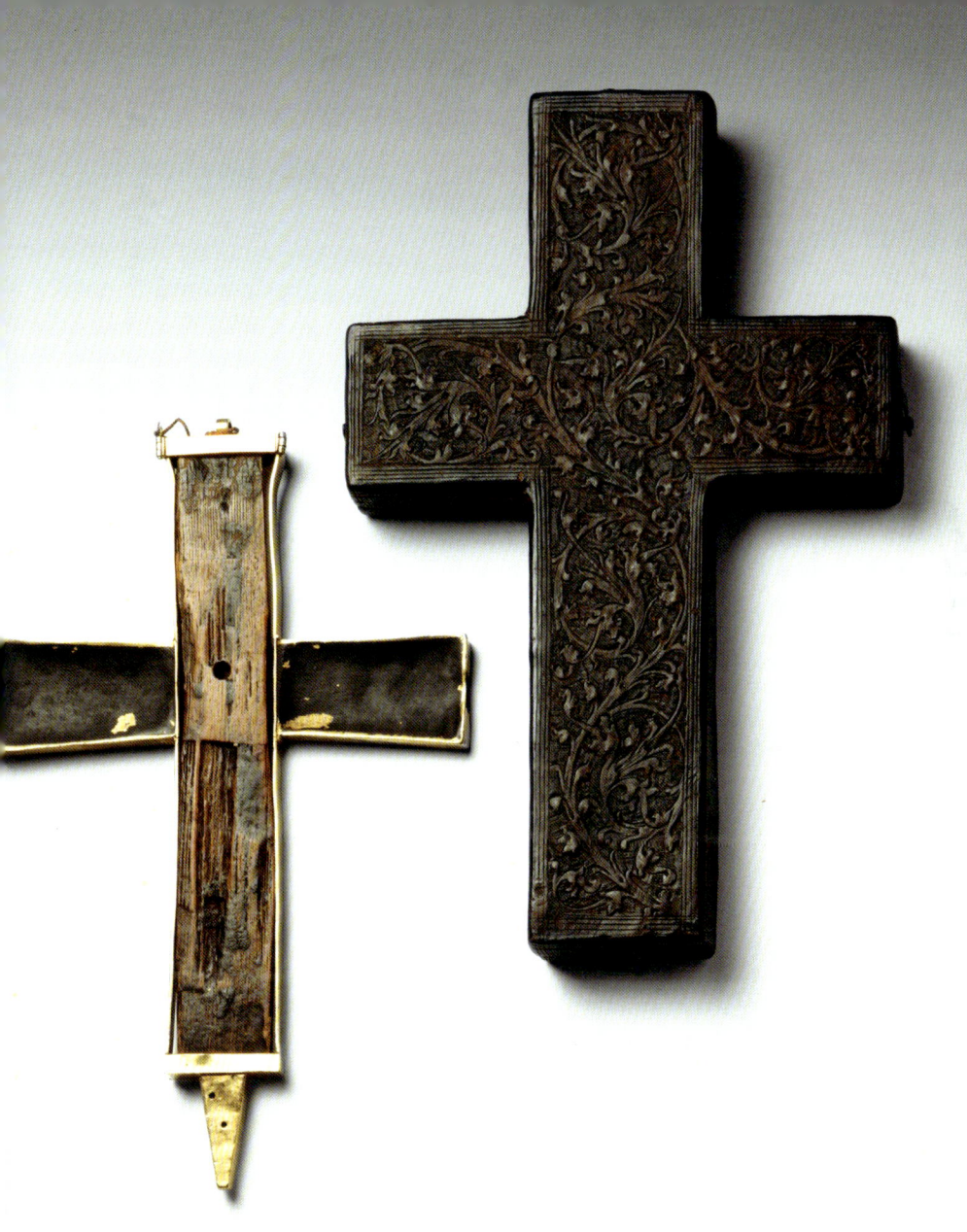

Krönungsevangeliar

Karolingisch, Aachen um 800. Einband: Hans von Reutlingen, Aachen, um 1500; roter Samt, Pergament, Gold, Silber, Edelsteine; Höhe 34,5 cm, Breite 25 cm

Die liturgische Bilderhandschrift ist eine der kostbarsten Handschriften des Mittelalters und wurde mit großer Wahrscheinlichkeit Ende des 8. Jahrhunderts am Aachener Hof Karls des Großen angefertigt. Von den 236 Pergamentblättern sind bis auf zwei blaue alle Blätter in rotem Purpur gefärbt und die Texte in Gold oder Silber geschrieben. Zur weiteren künstlerischen Ausstattung des liturgischen Buches zählen die ganzseitigen Bilder der vier Evangelisten (Matthäus, Markus, Lukas und Johannes), die jeweils den Evangelien vorangestellt sind. Auch die Gestaltung der Canontafeln mit antiken Architekturformen dokumentiert ausdrucksvoll die bedeutende Leistung der Künstler am Hofe Karls des Großen.

Der kostbare Einband aus Gold und Silber ist eine Arbeit aus der Zeit um 1500 und stammt vermutlich von der Hand des Aachener Goldschmieds Hans von Reutlingen, der von 1497–1522 urkundlich als kaiserlicher Siegelschneider im Dienste Maximilians I. nachgewiesen ist. Auf der Vorderseite ist der thronende Gottvater als Idealbild aller Herrscher in kaiserlicher Gewandung und einer Mitrenkrone zu sehen. Weiterhin sind die vier Evangelistensymbole und die Verkündung an Maria dargestellt. Die erste Erwähnung des Evangeliars findet sich in einem Brief des Aachener Marienstifts aus dem Jahre 1534, in dem das Kapitel des Stifts die vom Herzog von Jülich-Kleve-Berg gewünschte Ausleihe des Evangeliars ablehnt.

Die zentrale Rolle des Reichsevangeliars während des Krönungszeremoniells liegt darin, dass der gewählte König mit den Schwurfingern der rechten Hand auf der ersten Seite des Johannesevangeliums den Krönungseid ablegte. Diese Handlung dokumentiert zum einen die besondere Verantwortung des Königs als Stellvertreter Christi und zum anderen seine Pflicht, den Besitzstand des Reiches und die erworbenen Rechte der Einzelnen zu wahren.

folgende Doppelseite:
Reichsevangeliar, Canontafel

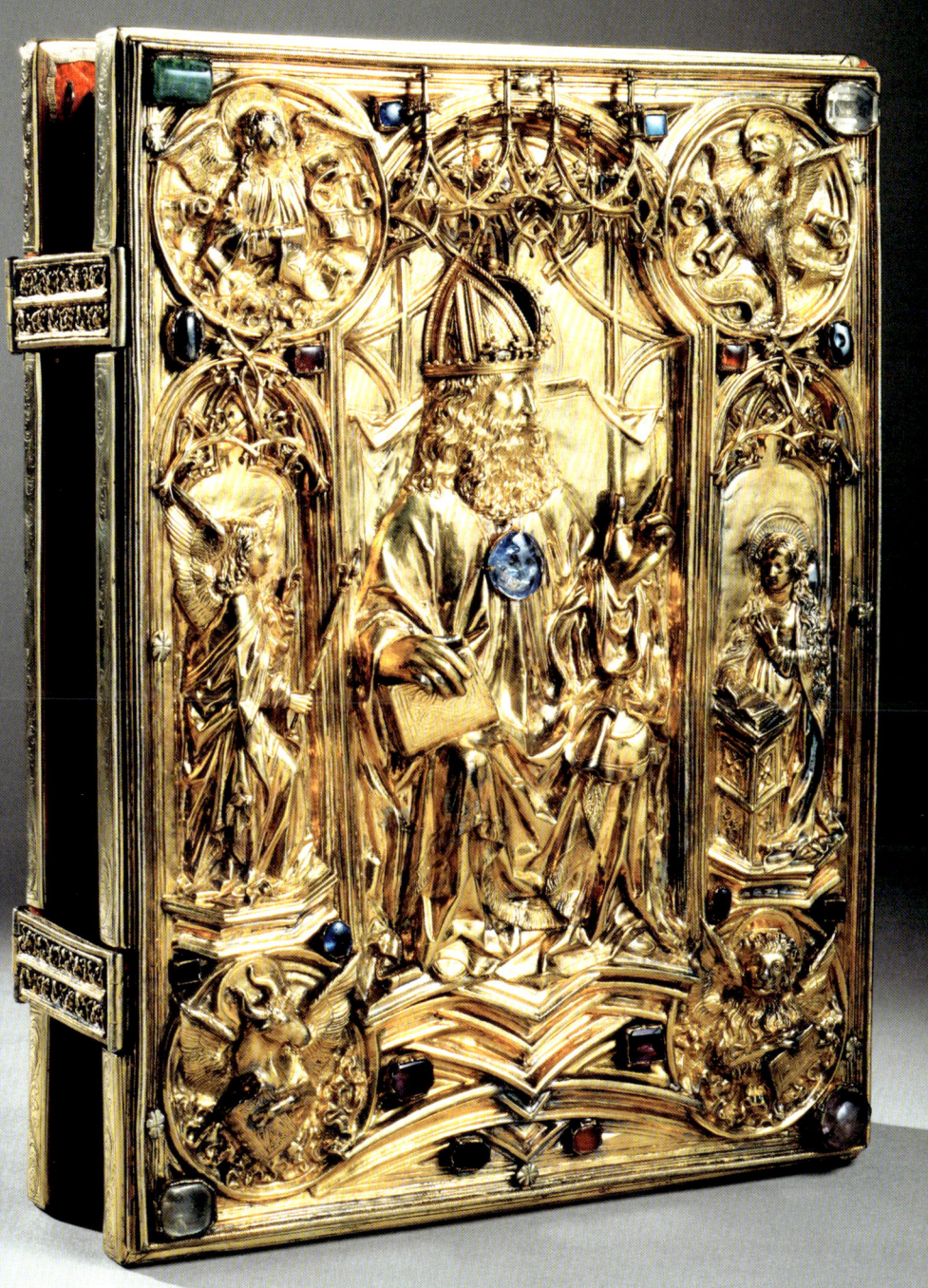

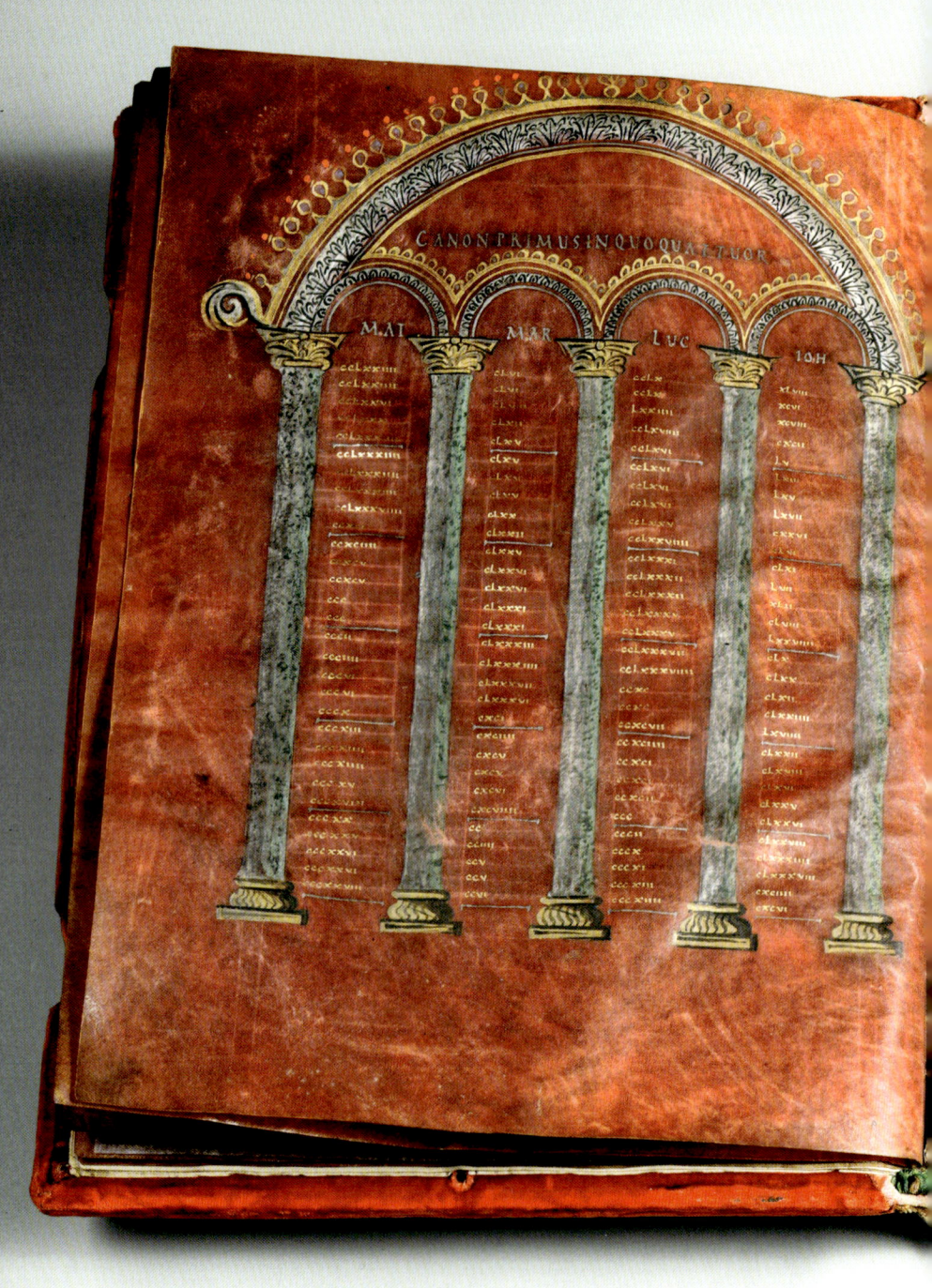

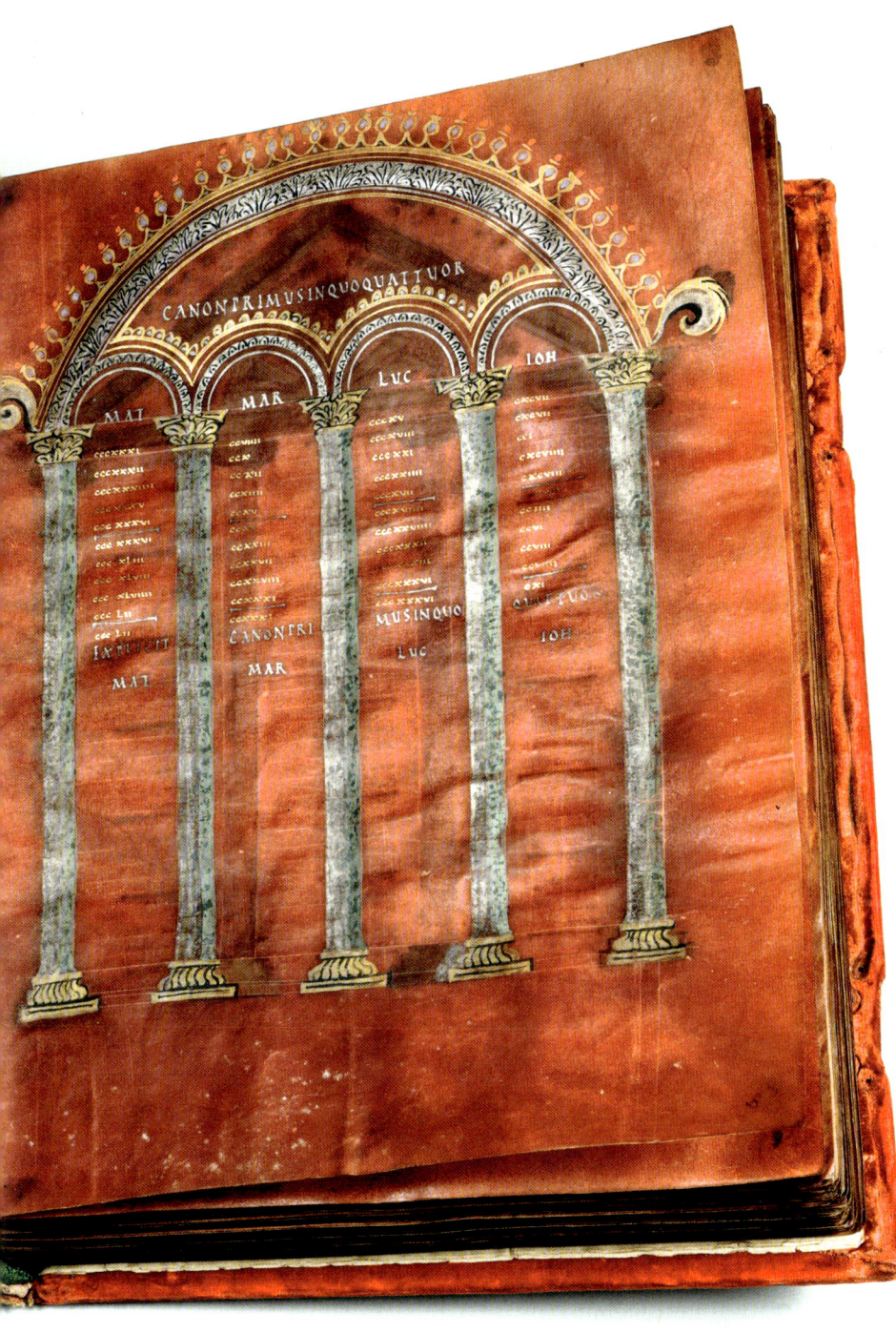

Stephansbursa

Karolingisch, 1. Drittel 9. Jahrhundert mit späteren Ergänzungen; Weidenholz, Gold-blech, Edelsteine, Perlen, Glas; Höhe 32 cm.

Die Stephansbursa ist ein Reliquienbehälter in Form einer Pilgertasche. Ihr Körper besteht aus einem Holzkern, dessen Vorderseite mit einem aus Edelsteinen und Perlen reich geschmückten Goldblech verkleidet wurde. Beim genauem Hinsehen ist zu erkennen, dass die Gestaltung und Anordnung der Steine und Perlen einer gewissen Ordnung unterliegt. Ein Band von Edelsteinen umrahmt die ganze Schau-seite, und diese ist wiederum durch ein von Edelsteinen gebildetes Kreuz unterteilt: eine für das Mittelalter übliche Formgebung mit Juwelen, die als eine *crux gemmata*, als kaiserliches Siegeszeichen interpretiert werden kann.

Das Innere des Holzkerns ist mit Aussparungen verschiedener Größen versehen, die zur Aufbewahrung von Reliquien bestimmt waren. Heute noch birgt das größte Fach eine nicht näher zu bestimmende Stoffreliquie. Dieser weiße Stoffrest ist mit einem gelbbraunen Tuch umwickelt, das durch ein Siegel des Wormser Domkapi-tels aus der ersten Hälfte des 12. Jahrhunderts gekennzeichnet ist. Fein ausgeführte figürliche Darstellungen von Fischern, Falkenjägern, Vogelschützen und einer anti-ken Rachegöttin zieren die Seitenwände. Die Schmuckelemente über dem Ver-schluss stammen vermutlich aus dem 15. Jahrhundert. Die aus vergoldetem Silber bestehende Rückseite ist dagegen eine Erneuerung des 19. Jahrhunderts. Ursprüng-lich wies die Rückseite vermutlich ähnliche Verzierungen wie die Seitenwände auf. Den Überlieferungen nach soll die Stephansbursa die blutgetränkte Erde des Erz-märtyrers Stephanus († 35 n. Chr.) enthalten haben. Ebenso ist überliefert, dass die Stephansbursa bei den Krönungen in Aachen stets in einer Nische im Thron Karls des Großen aufgestellt war. Sie gehört zu den drei „Aachener Insignien". Im Jahre 1429 wird sie erstmals erwähnt und wie die beiden anderen Insignien bis 1794 im Aachener Münster aufbewahrt.

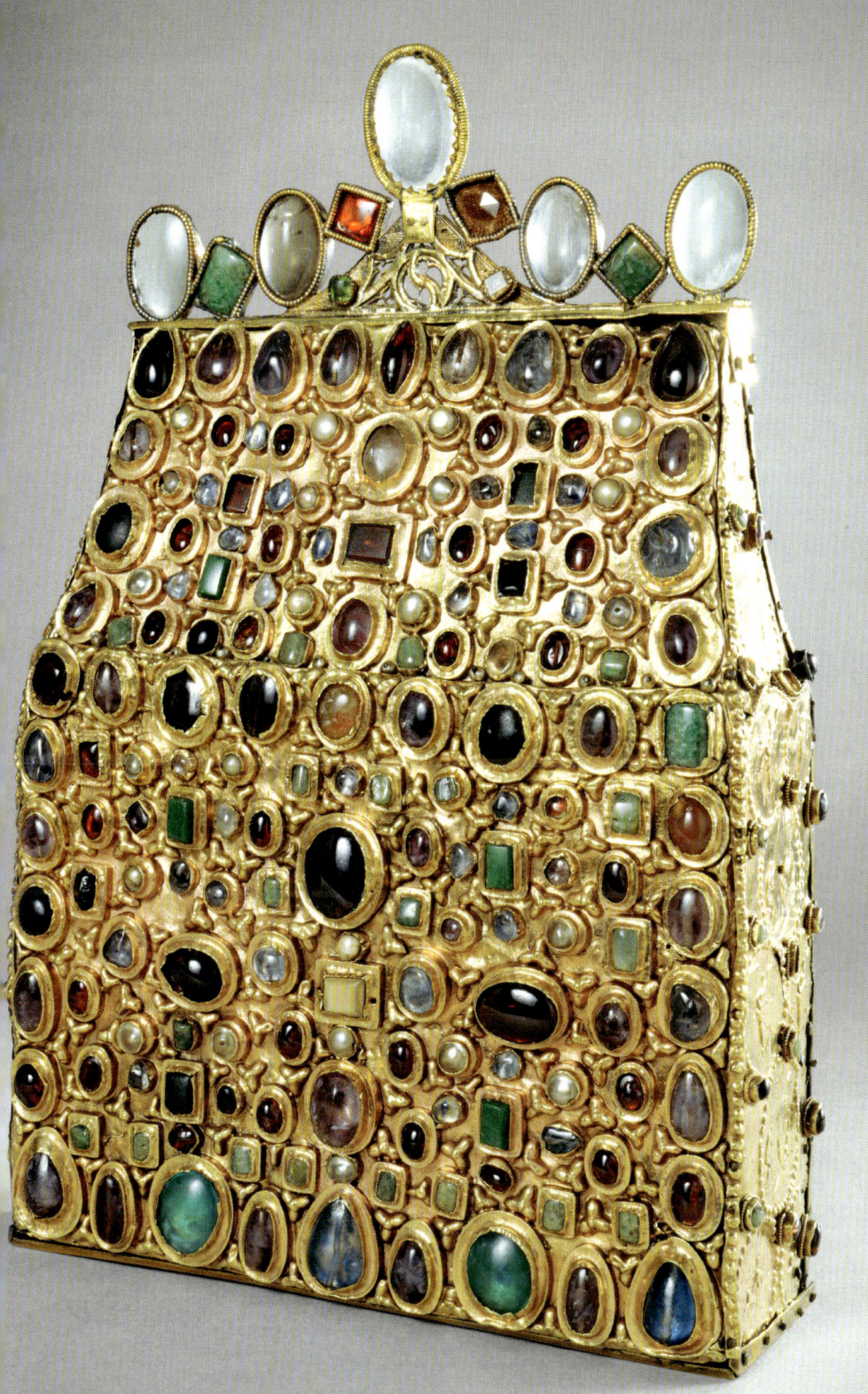

„Säbel Karls des Großen"

Anfang 10. Jahrhundert; Stahlklinge mit vergoldeten Kupfereinlagen, Holz, Fischhaut, Gold, Silber, Edelsteine; Klinge 90,5 cm lang; Scheide: Holz, Leder, Gold; 86,5 cm lang

„Angemerkt aber ist, dass dieses das nämliche Schwert sei, womit der einst so weitberühmte Hunnenkönig Attila zur Vertilgung der Christen und zum Untergange Galliens feindlich gewütet hatte. Denn dieses hatte die Königin von Ungarn (Anastasia), Mutter des Königs Salomon, dem Herzog Otto von Bayern zum Geschenk gegeben …" So schreibt der Chronist Lampert von Hersfeld zum Jahre 1071.

Die heutige Forschung ist sich aber einig, dass der Säbel den Prunkwaffen osteuropäischer Fürsten entspricht und wahrscheinlich in Ungarn angefertigt wurde. Ebenso wird vermutet, dass diese Insignie unter Kaiser Heinrich IV. dem Reichsschatz hinzugefügt worden ist. Der früheste Beleg für die Verwendung des sogenannten Säbels Karls des Großen stammt allerdings erst aus dem Jahre 1376 aus Aachen. Seit der Frankfurter Krönung Maximilians II. im Jahre 1562, als die Aachener aufgefordert waren, *„das mitzubringen, was sie bei Ihnen, zu solcher soleminitet unnd Ceremoniengehörig alls furnemblich des allten unnd heiligen Keisers Carls des Erstenn Schwerdt unnd annderes hetten"*, treten die drei Aachener Stücke, Reichsevangeliar, Stephansbursa und der „Karlssäbel", deutlich hervor.

Der gebogene hölzerne Griff und die Scheide sind mit einem mit Band- und Pflanzenornamentik verzierten Goldblech verkleidet. In die Blutrinne der Klinge wurde ein Kupferband eingearbeitet, mit mystischen Tieren und Rankenmotiven geschmückt.

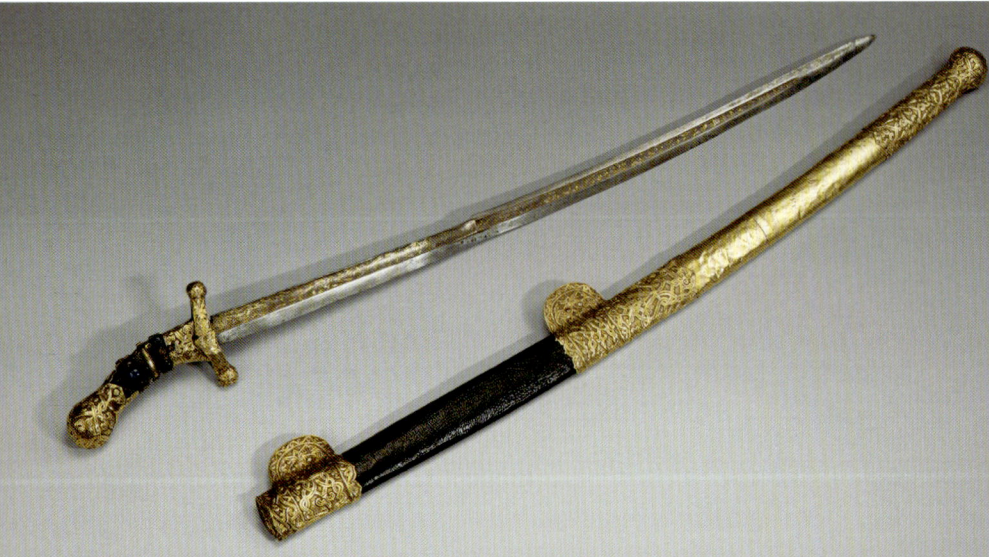

Jan Keupp

Die Krönungsgewänder im Wandel der Zeit

Die altertümliche Gewandung, in welcher Friedrich III. am 19. März 1452 in Rom die Kaiserkrone empfing, gab seinem früheren Sekretär Enea Silvio Piccolomini Anlass zur spöttischen Zeitkritik. Verglichen mit den üblichen Prunkgewändern müsse die antiquierte Herrschertracht unscheinbar und bäuerlich wirken. Sollte es sich bei den aus Nürnberg angelieferten Stücken tatsächlich um den Ornat Karls des Großen gehandelt haben, so hätte der große Frankenkaiser wohl „lieber glänzende Taten verrichten, als schimmernde Gewänder tragen wollen". Indes, so bemerkte der belesene Humanist mit Blick auf die heraldische Zier der Insignien, die angeblichen Erbstücke des 9. Jahrhunderts seien sehr viel jüngeren Datums und vermutlich der Zeit Karls IV. zuzuordnen: „Unter dem Volk jedoch erhielt sich das Gerede, es seien die Schmuckstücke Karls des Großen."[12]

Auch wenn der mittelalterliche Gelehrte mit seiner Datierung nur teilweise richtig lag, so enthält sein Kommentar doch gleich zwei bemerkenswerte Beobachtungen. Zum einen formulierte er erstmals in der Geschichtsschreibung des Mittelalters Zweifel an der Echtheit und Einheitlichkeit des überlieferten Ornats. Zum anderen betonte er zutreffend den konservativen Grundcharakter des Herrscherkleides, „da alte Gegenstände angeblich einen höheren Grad von Ehrwürdigkeit besitzen, während die neuen des Ansehens entbehren."[13]

Vielfalt und Verharren

Tatsächlich waren Amtstracht und Krönungsornat des Herrschers weit weniger als die extravaganten Gewänder des Adels dem steten Wandel mittelalterlicher Moden unterworfen. Bereits Karl der Große wurde von seinen Zeitgenossen als Freund des Altbewährten geschildert: „Er kleidete sich nach der heimischen Tracht der Franken. Ausländische Kleider ließ er sich fast niemals anziehen, mochten sie noch so elegant sein. Denn er konnte sie nicht leiden".[14] Spätere Chronisten wussten das konservative Kleiderverhalten des Karolingers in sinnfälligen Kontrast zu den Erneuerern der kaiserlichen Garderobe zu setzen. Karls gleichnamiger Enkel etwa wurde der

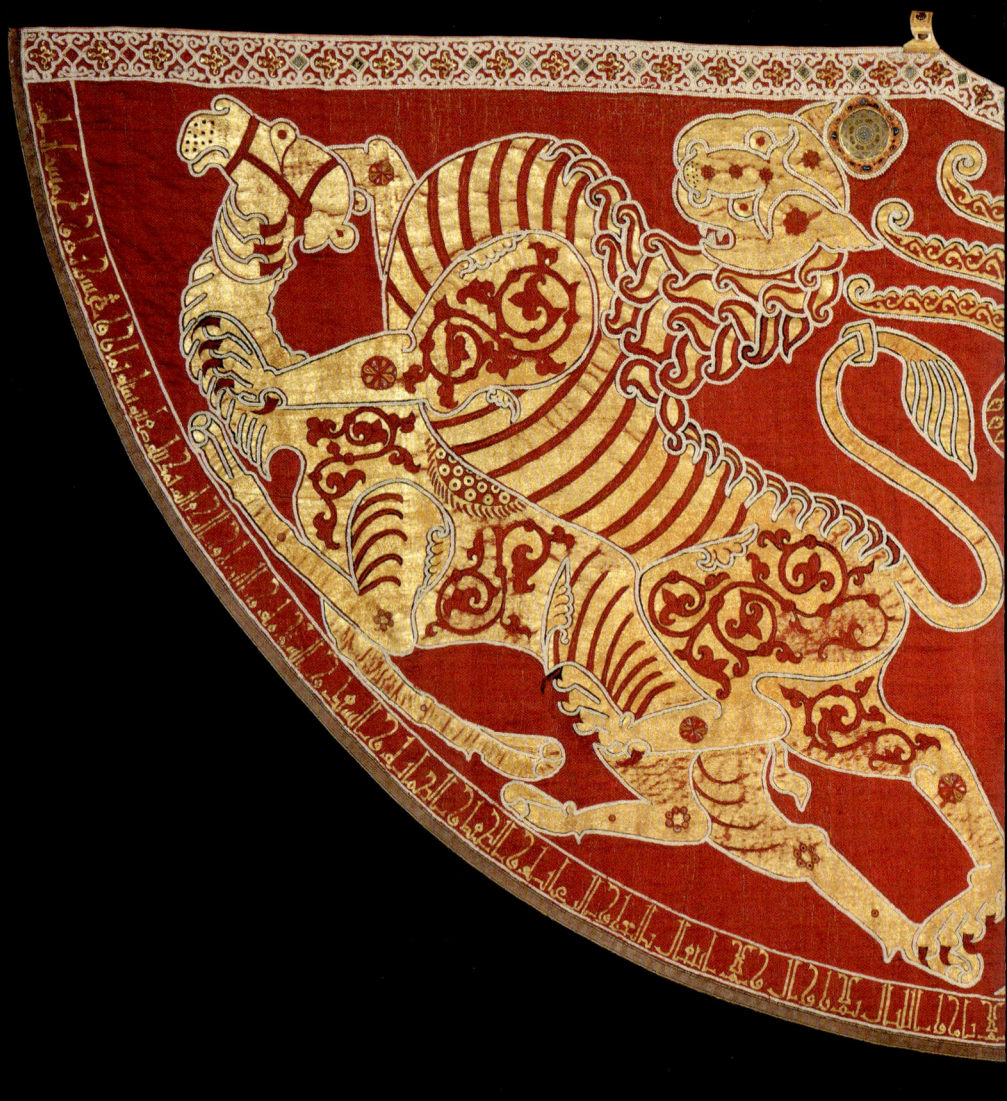

Krönungsmantel

„Aufgeblasenheit des Verstandes" bezichtigt, da er 876 den kurzen Königsrock der Franken durch die knöchellange Dalmatika nach Vorbild der oströmischen Kaiser ersetzte.[15] Noch Otto I. präsentierte sich 936 in einer „kurzen Tunika nach fränkischer Machart" bewusst als würdiger Nachfolger Karls des Großen,[16] bevor sich in staufischer Zeit das fließend lange Obergewand endgültig durchsetzte. Und als um 1348 Karl IV. nach modischer Manier wiederum eine Verkürzung des Rockes an-

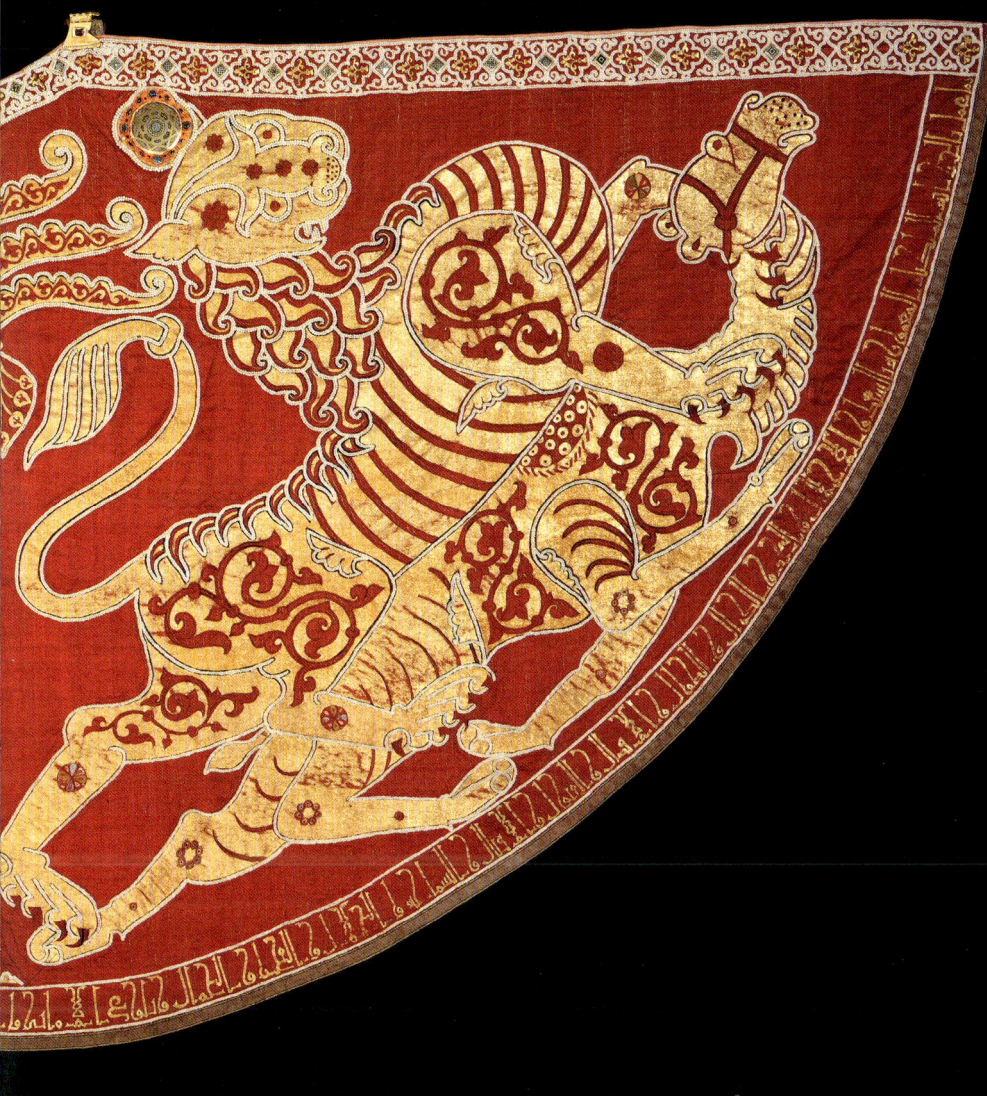

strebte, trug ihm der vermeintliche Verstoß gegen die Würde seines Amtes den Unmut der Fürsten und ein päpstliches Mahnschreiben ein.

Weshalb eine Hinwendung des Herrschers zur mondänen Montur des Adels problematisch erscheinen musste, zeigt sich treffend in der Reaktion des einstigen Prinzenerziehers Philippe de Mézières auf die modischen Eskapaden seines Schützlings, König Karls VI. von Frankreich: Dessen in höfischem Stil knapp geschnittenes Gewand leiste der Zerrüttung von Reich und Gesellschaft Vorschub, so die Argumentation des Gelehrten. Zum Wohle der königlichen Würde und des gesamten „französischen Schiffs" sei es geboten, den „ehrlosen und verdammungswürdigen Fluch" modischer Kleiderformen abzulegen. Indem der König mit seinen Höflingen um den Preis des schönsten Gewandes buhle, beschädige er den Ehrenvorrang des gesalbten Herrschers. Nicht allein erniedrige er sich selbst; er mache es umgekehrt eitlen Adeligen und sogar Handwerkern und Knechten möglich, sich äußerlich wie der König zu geben. Diese Nivellierung sichtbar gemachter Rangstufen schädige das althergebrachte Ordnungsgefüge in seinen Grundfesten: „Es ist in einer Welt weder Gesetz noch Treue", so de Mézières, „in der der Fürst nicht vom Untertanen unterschieden wird."[17]

Die herausragende Stellung des Reichsoberhauptes hatte sich demnach im Herrschergewand niederzuschlagen. Soziale Distanz zu Adel und Volk ließ sich zunächst durch kostbare Materialien und aufwendige handwerkliche Verarbeitung der Textilien gewinnen. Nicht zuletzt aber bestand sie im symbolischen Rückgriff auf vergangene Autoritäten wie die der erfolgreichen Vorgänger im Herrscheramt. Die zu Beginn des 14. Jahrhunderts erstmals nachweisbare Ableitung der Krönungsgewänder von keinem Geringeren als Karl dem Großen erweist sich bei näherem Hinsehen gleichwohl als historische Fiktion nachgeborener Generationen. Sie stellt vermutlich einen Reflex auf die Sehnsucht nach einer starken Reichsgewalt in der Krise des Spätmittelalters dar. So präsentieren sich die erhaltenen Gewandstücke aus moderner Sicht längst nicht mehr als ein Ensemble von einheitlicher Konzeption und Herkunft. Vielmehr erscheinen sie als textile Hinterlassenschaft unter-

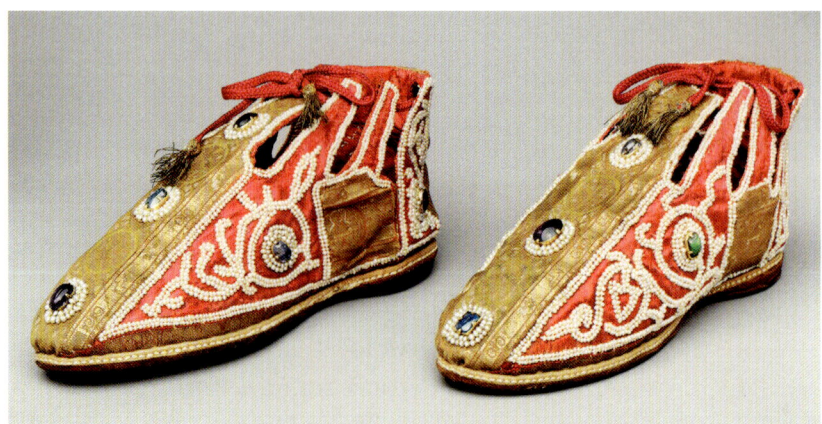

Die Schuhe

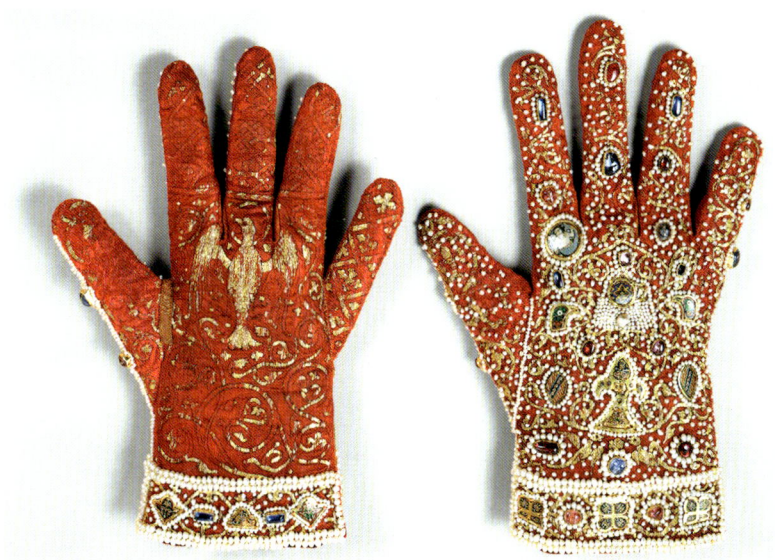

Die Handschuhe

schiedlicher Herrscher und Jahrhunderte. In seiner Zusammenstellung keineswegs von langer Hand geplant, stellt der Ornat indes kein bloßes Produkt des Zufalls dar. Die repräsentativen Schaustücke wirken wie ein vielteiliges Mosaik, aus dem sich Machtanspruch und Rangstellung ihrer historischen Auftraggeber ablesen lassen. Nicht starres Beharrungsvermögen zeigt sich dabei, sichtbar wird durchaus eine allmähliche Anpassung an die zeitgemäßen Vorstellungen von der besonderen Würde des römisch-deutschen Königs und Kaisers.[17]

Ein Ornat entsteht

Als wesentliches Vorbild und Impulsgeber kann die Kleidung des oströmischen Kaisers gelten. Auf einen hoheitlichen Akt des Basileus geht bereits der erste schriftlich überlieferte Ornat eines westlichen Herrschers zurück. Durch Kaiser Anastasius in den Rang eines römischen Konsuls erhoben, setzte sich der Frankenkönig Chlodwig 508 ein Diadem aufs Haupt und schmückte sich mit Purpurrock und seitlich geschlossenem Feldherrnmantel (*chlamys*).[18] Mit Purpurgewand und Chlamys bekleidet betrat auch Karl der Große zu Weihnachten des Jahres 800 die Peterskirche. Anlässlich seiner Kaiserkrönung werden zudem erstmals priesterliche Pontifikalschuhe (*sandalia*) als Teil des Krönungsornates erwähnt.[19] Während sich

Die Krönungsgewänder im Wandel der Zeit   ■   63

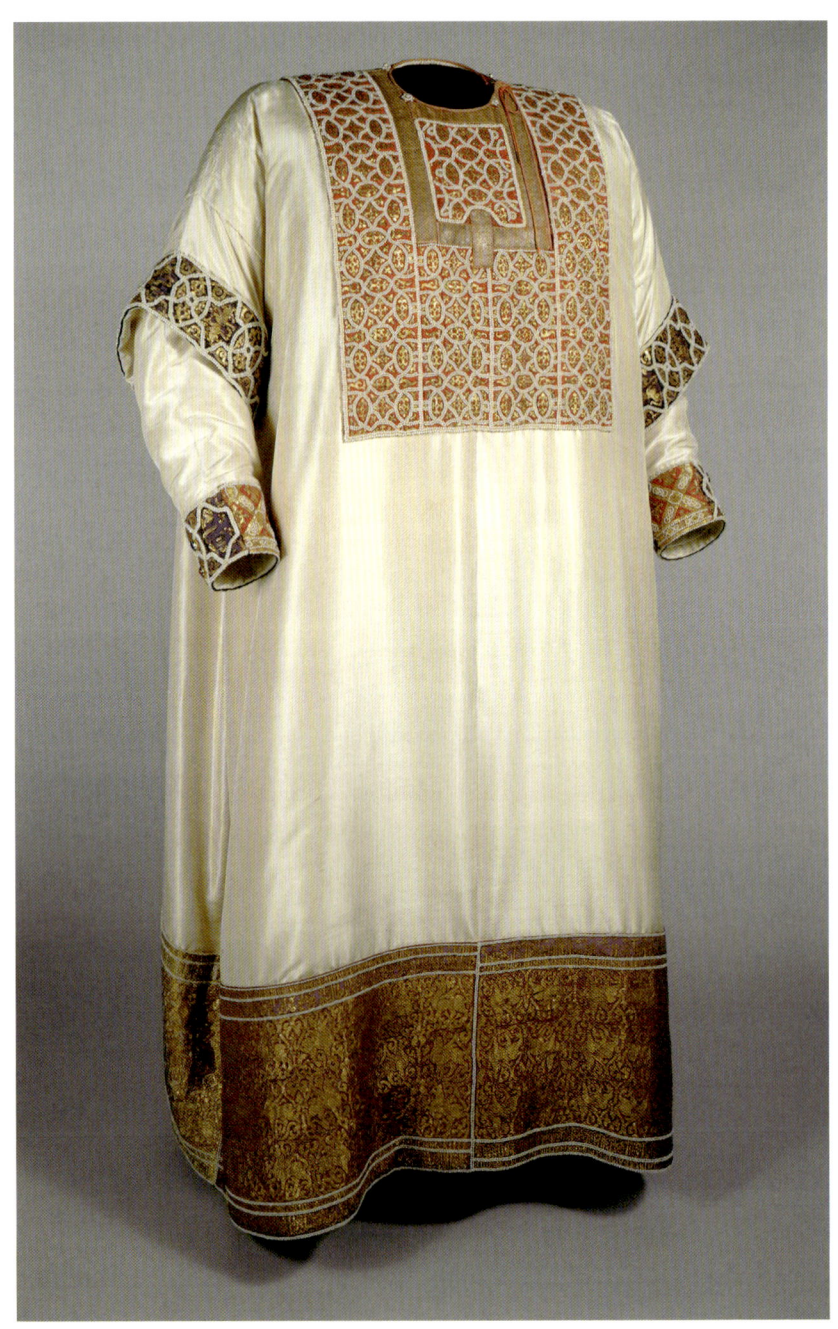

das lange Oberkleid spätestens seit Beginn des 11. Jahrhunderts als königliches Festtagsgewand durchzusetzen vermochte, erfolgte etwa zur gleichen Zeit mit der Adaption der byzantinischen Kaiserbinde (*loros*) eine weitere Anlehnung an das östliche Kaiserreich. Durch die Eroberung des normannischen Sizilien, dessen Könige gleichfalls das oströmische Vorbild kopiert hatten, etablierte sich dieses im Westen ansonsten ungebräuchliche Symbol endgültig als Bestandteil des römisch-deutschen Herrscherornats. Seine Bedeutung geriet nach dem Ende der staufischen Dynastie 1250/4 indes rasch in Vergessenheit, so dass die ca. sechs Meter lange Stoffbahn spätestens seit dem 14. Jahrhundert mit der liturgischen Stola gleichgesetzt wurde. Sie wurde nach Art der Priester vor der Brust gekreuzt getragen und konnte so als sinnfälliges Zeichen der Teilhabe des gesalbten Herrschers am geistlichen Amt gedeutet werden.

Die Trageweise der Stola bedingte es, dass auch der Herrschermantel seit spätstaufischer Zeit nicht mehr nach römischer Feldherrenart seitlich, sondern auf beiden Schultern liegend frontal vor der Brust geschlossen wurde. Damit glich er sich dem liturgischen Vespermantel (*pluviale*) an. Gleich der Anlehnung an die römisch-byzantinische Antike wies diese Aufnahme sakraler Elemente in die königliche Festkleidung bereits eine längere Tradition auf. Seit ottonisch-frühsalischer Zeit lassen sich verstärkt Anklänge an biblische Überlieferungen zur Amtstracht des Hohepriesters bemerken. Die unter der Krone zu tragende weiße Mitra mit zwei Hörnern konnte so als Attribut der Gottesnähe des diesseitigen Königtums gelten. Sie rückte ihre Träger zugleich in die Nähe der bischöflichen Gewalt. Auch der bei Ottonen und Kapetingern bezeugte „Himmelsmantel" nimmt Bezug zum Schmuck des alttestamentarischen Hohepriesters, von dem es in den Weisheiten Salomons (Weish 18,24) hieß: „Auf seinem langen Gewand war die ganze Welt dargestellt." Und der in mehreren Schriftquellen erwähnte Kleiderbesatz aus Glöckchen und Granatäpfeln orientierte sich gleichfalls an der biblischen Beschreibung des priesterlichen Gewandes Aarons. Fußbekleidung (*sandalia*) und Pontifikalhandschuhe (*chirotecae*) schließlich stellen eine signifikante Referenz an die bischofsähnliche Amtsgewalt des römisch-deutschen Herrschers als Mittler zwischen Klerus und Volk dar.

Die symbolische Wucht antiker und alttestamentarischer Zeichensetzung musste den theologisch versierten Zeitgenossen zweifellos beeindrucken. Auch wenn die Fülle der hier genannten Bezüge niemals in einem einzigen Ornat vereint erschien, sondern zum Teil nur als theoretischer Anspruch formuliert und weitergegeben

Die Alba

wurde, konnten die Herrscher des Mittelalters in der Wahl des Gewandes ihr Amts-
verständnis doch sinnfällig zum Ausdruck bringen. Des Bedeutungsreichtums ihres
Ornates waren sie sich dabei bis ins Detail hinein durchaus bewusst. Dies mag bei-
spielhaft eine Szene belegen, die sich während der zweiten Romreise Friedrichs III.
am Weihnachtsfest des Jahres 1468 zutrug: Der Kaiser beteiligte sich an diesem Tag
in traditioneller Weise durch das Singen der siebten Lektion an der päpstlichen
Messfeier. Zu diesem Zweck sollte er nach dem für diakonale Lesungen gültigen
Ordo mit Hilfe zweier Kardinaldiakone mit Superpelliz, Stola und Pluviale bekleidet werden. Doch wurde die Einkleidung vom wütenden Protest des Kaisers unter-
brochen. Als der päpstliche Zeremoniar ihm bedeutete, er müsse die Stola von der
linken Schulter abwärtslaufend quer über den Oberkörper legen und den Chor-
mantel auf der linken Seite schließen, „wie ihn andere nicht geweihte Personen zu
tragen pflegen", widersprach Friedrich III. heftig: „Dem Kaiser gebühre es", so ver-
sicherte er, „das Pluviale und die Stola nach Art der Priester zu tragen und zwar
derart, wie wir es im großen Kaisersiegel geschnitten sehen, wo der Kaiser in seiner
Herrlichkeit throne: geschmückt mit dem priesterlichen Mantel, darunter die Stola,
vor der Brust gekreuzt."[20] Für den Amtskörper des Herrschers und damit für die
Gerechtsame des Reiches war der korrekte Sitz des Ornats demnach offenkundig
unverzichtbar.

Von Kopf bis Fuß

Aussagehorizont und Bedeutungsvielfalt der Ornatstücke waren am Ende des alten
Reiches längst in Vergessenheit geraten. Was bereits bei dem Humanisten Piccolo-
lomini für Verwunderung gesorgt hatte, musste in der Ära der Aufklärung wie das
groteske Relikt barbarischer Zeiten anmuten: „Der Kaiserornat sah aus, als wäre er
auf dem Trödelmarkt zusammengekauft", so heißt es spöttisch im Bericht des Ritters Karl Heinrich von Lang über die Krönung Franz II. am 9. Oktober 1792.[21]
Seine despektierlichen Äußerungen trafen indes insofern den Kern der Sache, als
sich der letzte Kaiser des Heiligen Römischen Reiches tatsächlich in einem wahren
Sammelsurium symbolträchtiger Gewandstücke präsentierte, die sich erst im Verlauf mehrerer Jahrhunderte zum Krönungsornat der römisch-deutschen Könige zu-
sammengefunden hatten. Dabei griff man durchaus nicht auf alle erhaltenen Klei-
dungsbestandteile mittelalterlicher Herrscher zurück. Nicht wenige der textilen
Kostbarkeiten waren bereits zu Lebzeiten ihrer Träger als fromme Stiftungen in die
Hand kirchlicher Institutionen gelangt und zum Teil zu Paramenten für den litur-

Die Adlerdalmatika

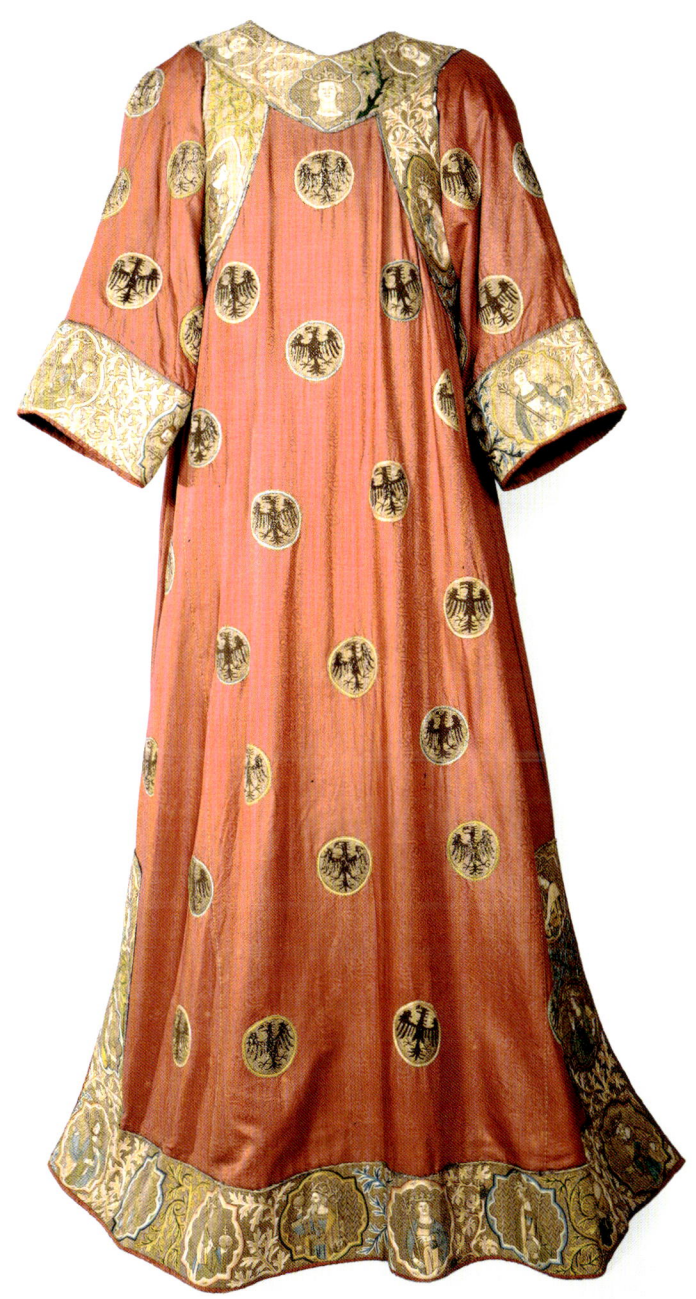

gischen Gebrauch umgearbeitet worden. Bekannteste Beispiele sind der in Bamberg aufbewahrte Sternenmantel Heinrichs II. oder die Cappa Leonis Karls V. im Aachener Domschatz.

Bereits im Trifels-Verzeichnis von 1246 belegt ist jedoch ein Grundbestand an Gewändern, der dauerhaft im Besitz der römisch-deutschen Herrscher verblieb und somit bei festlichen Gelegenheiten grundsätzlich zur Verfügung stand. Unter die *„keyserliche zeychen"* rechnete man dabei *„den keyserlichen Mantel mit edelen Steynen gezierett"*, ferner eine weiße Mitra, zwei edelsteinbesetzte Handschuhe, ein aus Brokatseide gefertigtes Obergewand, zwei rot gefärbte Hosen sowie zwei edelsteinverzierte Schuhe, drei Gürtel und ein leinenes Hemd.[22] In ihrer Entstehung lässt sich diese Insigniengruppe, die fortan den stabilen Kern der Krönungsgewänder bilden sollte, auf das 12. und 13. Jahrhundert zurückführen. Dabei handelte es sich keineswegs um originäre Auftragswerke der staufischen Könige und Kaiser. Vielmehr zeigt sich bei näherer Betrachtung, dass die meisten der genannten Stücke bereits auf eine längere Vorgeschichte zurückblicken konnten. Dies gilt in besonderem Maße für den heute in der Schatzkammer der Wiener Hofburg aufbewahrten Krönungsmantel. Es handelt sich um einen halbkreisförmigen, bodenlangen Umhang aus leuchtend rotem Seidengewebe. Der mit etwa 11 kg Gewicht überschwere Mantel ist großflächig mit Gold- und Seidenfäden sowie mit mehr als hunderttausend Perlen bestickt. Seine Rückseite wird im Zentrum von einer in Anlehnung an das Motiv des Lebensbaums stilisierten Palme ausgefüllt. Zu beiden Seiten erhebt sich in symmetrischer Spiegelung jeweils ein Löwe über ein geschlagenes Kamel. Eine entlang des Saumes umlaufende goldgestickte Inschrift verrät in kufischen Zeichen die Herkunft des prachtvollen Schaustücks: Demnach wurde der Mantel in den Jahren 1133/4 in den Hofwerkstätten von Palermo gefertigt. Der Text enthält zudem eine Mischung aus Segenswünschen und Lobpreisungen der herrscherlichen Qualitäten des 1130 gekrönten Königs Roger II. von Sizilien aus dem normannischen Geschlecht der Hauteville. Ob die dargestellte Tierkampfszene eine weitergehende politische Interpretation – etwa im Kontext mediterraner Konflikte zwischen Normannen und Arabern – zulässt und inwieweit altorientalische bzw. astronomische Motivbezüge vorliegen, kann nicht abschließend geklärt werden. Ebenso wenig wird deutlich, ob der Mantel durch seine karmesinrote Färbung mit dem Purpur des byzantinischen Basileus konkurrieren sollte oder ob er aufgrund seiner Trageweise dem geistlichen Pluviale nachempfunden war. Vermutlich war diese Vielfalt der Deutungsmöglichkeiten bewusst einkalkuliert. Nicht zuletzt auf-

Die Schuhe, Handschuhe und Strümpfe

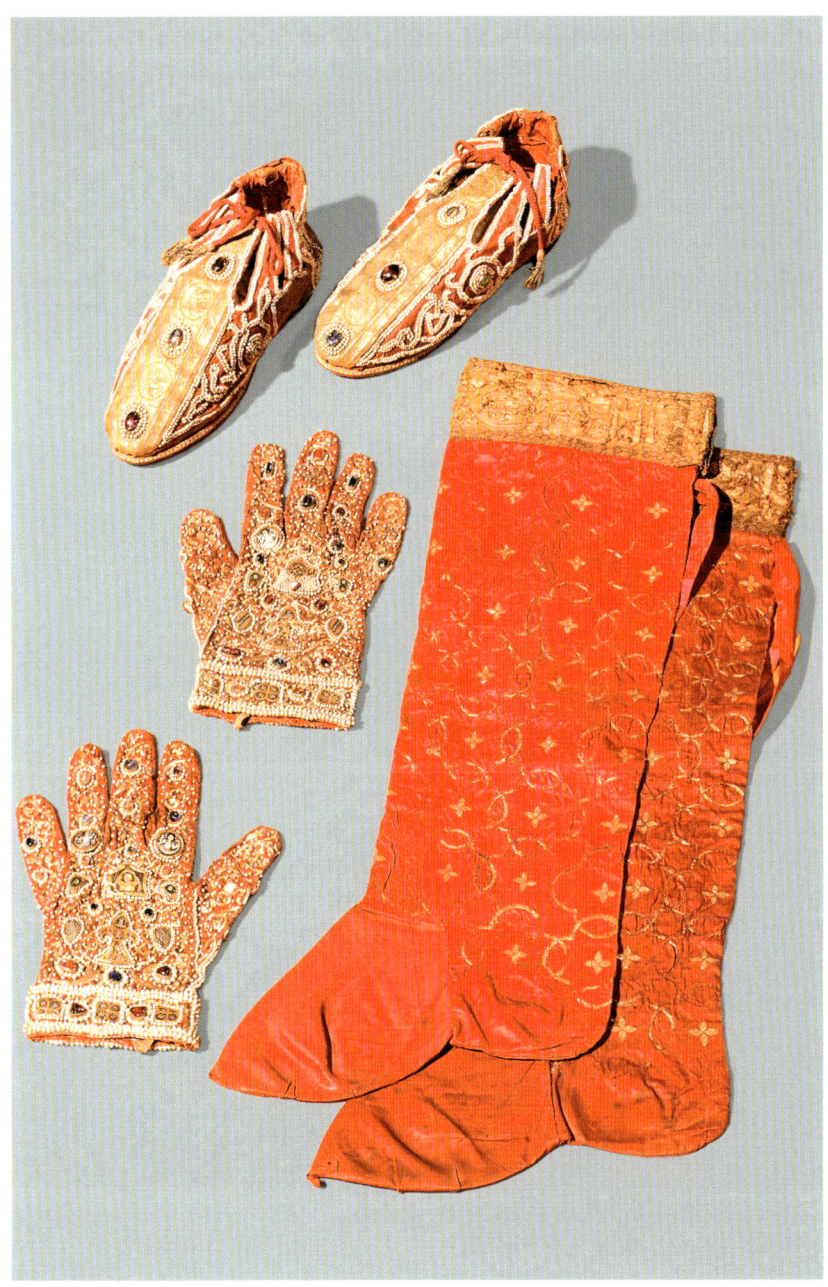

grund seines enormen Materialwerts sowie der erlesenen handwerklichen Qualität gelangte das Stück schließlich in den Schatz der staufischen Herrscher. Die Heirat Heinrichs VI. mit der Tochter Rogers II., Konstanze von Sizilien, ermöglichte 1194 die militärische Inbesitznahme des normannischen Königreichs. Vielleicht befand sich der Mantel unter den zahlreichen Preziosen aus Gold und Seide, die nach der Einnahme Palermos auf angeblich 150 Saumtieren nach Norden auf die Burg Trifels verbracht wurden.

Dort ist er jedenfalls 1246 gemeinsam mit weiteren Erzeugnissen süditalienischer Textilkunst anzutreffen: Hierzu gehört die sogenannte Alba der Wiener Schatzkammer aus weißem Seidentaft mit breitem und mit Golddraht besticktem Brustbesatz sowie Bordüren an Saum, Oberarmen und Manschetten. Lateinische und arabische Inschriften weisen sie als 1181 entstandene Auftragsarbeit des sizilischen Königs Wilhelm II. aus. Moderne Analysen haben indes nahegelegt, dass bereits damals ältere Armbesätze in ein neueres Gewand eingearbeitet wurden, das ursprünglich eine purpurfarbene Tunika nach dem Vorbild des oströmischen Basileus dargestellt haben mag. Wohl in Zusammenhang mit der Krönung Friedrichs II. 1220 war es in eine Alba aus weißem Seidengewebe umgewandelt worden, die sich sichtbar an den Weihornat des Papstes anlehnte. Insgesamt fünf übereinanderliegende Textilschichten belegen den langen Gebrauch des Kleidungsstücks. Weil sie „altershalb zermodert" gewesen sei, wurde die Alba 1520 auf Anweisung des Nürnberger Rates neuerlich mit weißer Seide überzogen, ein Vorgang, der sich 1619 wiederholte.

Aus der sizilischen Hofwerkstatt stammt vermutlich auch die aus dunkelblauem Seidenstoff gefertigte Dalmatika, deren Applikationen und Goldstickereien sie in einen engen Zusammenhang mit dem Mantel Rogers II. rücken. Palermo lässt sich zudem als Entstehungsort der bei den Reichskleinodien aufbewahrten Schuhe und Strümpfe aus leuchtendrotem Samt erschließen. Am oberen Rand der Strümpfe findet sich eine in Tapisserietechnik gewebte olivgrüne Borte angebracht, die einen inschriftlichen Besitzvermerk an König Wilhelm II. vornimmt. Ob die netzartig mit Vierpassmotiven aus Golddraht bestickten Schäfte gleichfalls bereits im 12. Jahrhundert oder erst anlässlich der Kaiserkrönung Friedrichs II. 1220 gefertigt wurden, lässt sich nicht mit Exaktheit bestimmen.

Sicher in den Kontext der Krönung Friedrichs II. gehören freilich die nahezu lückenlos mit Emailplättchen, Edelsteinen und Perlen bedeckten Prachthandschuhe. Hervorzuheben sind dabei die mit Goldfäden gestickten Adler auf der Innenseite, deren Häupter von einem Heiligenschein umrahmt werden.

Die heraldische Tierdarstellung verband das bekannte Familiensymbol der Staufer mit der Tradition römisch-antiker Kaiseradler. Der Scheibennimbus versinnbildlicht die Vorstellung eines Heiligen Römischen Reiches, wie der Handschuh zugleich Attribut pontifikaler Amtsvollmachten ist. Das Symbol des nimbierten Adlers begegnet erneut auf dem in Metz aufbewahrten Chape de Charlemagne, der wohl ebenfalls eine sizilische Arbeit des frühen 13. Jahrhunderts darstellt. Mit plausiblen Argumenten meint man in ihm mittlerweile den eigentlichen Krönungsmantel Friedrichs II. erkannt zu haben. Der Mantel Rogers II. begegnet uns hingegen erst im Spätmittelalter als Teil des Krönungszeremoniells – nun als vermeintliches Erbstück Karls des Großen.

Eine enge Anlehnung an die Tradition normannischer Ornatbestandteile ist gleichwohl auch im 14. Jahrhundert zu verzeichnen. Wohl aus der Zeit Ludwigs des Bayern stammt eine Stola aus gelber oberitalienischer Seide, in deren kleingemusterten Goldstoff acht schwarzbraune Wappenadler eingewebt wurden. Die ungewöhnliche Länge von etwa sechs Metern sowie die uneinheitliche Ausrichtung der Adler legt nahe, dass die Stola sich streng an einer älteren Herrscherbinde nach Art des byzantinischen Loros orientiert und daher wohl ein Vorbild aus normannisch-staufischer Zeit imitiert. Unter dem Regiment Ludwigs entstand zudem die aus dunkelblauer chinesischer Purpurseide gefertigte knöchellange Adlerdalmatika. Ihre Bezeichnung leitet sich von den auf schwarzer Seide mit Goldfäden gestickten, 68 aufgenähten Adlermedaillons ab. Da zu ihr einmal eine Haube (Gugel) nach zeitgenössischer Mode gehörte, wird ihre Verwendung wohl ursprünglich weniger im Bereich der Krönungsliturgie als im alltäglichen Repräsentationsgebrauch des Wittelsbachers gelegen haben.

Modische Arbeitsteilung

Außerhalb des streng geregelten Rituals ihrer Amtseinsetzung besaßen die Herrscher des Mittelalters in der Tat größere Freiheiten in ihrer Kleidungswahl. Gleichwohl blieben sie auch hier in bewusster Abgrenzung zur Adelskleidung auf eine betont traditionelle Tracht beschränkt. Ähnlich wie bei Geistlichen und Gelehrten sollte ein talarähnlich langes Gewand ihre überzeitlich legitimierte Dignität demonstrativ vor Augen führen. Gänzlich anders verhielt es sich mit dem Kleiderschmuck der Königin: Während die *consors regni* bei festlichen Gelegenheiten in augenfälliger Äquivalenz zu ihrem Gemahl gekleidet einherschritt, mochte sie ansonsten durchaus mit den führenden Damen des Reiches in einen modischen Wettstreit treten. Hier offenbart sich eine Zweiteilung der Repräsentationspflichten, die es dem Herrscherpaar ermöglichte, auf beiden Feldern – Mode und Tradition – den ersten Rang einzunehmen. Vielleicht ist in dieser geschlechtlichen Arbeitsteilung im Herrscherhaus einer der Gründe zu suchen, warum d i e Mode heute als ein weithin weibliches Phänomen betrachtet wird.

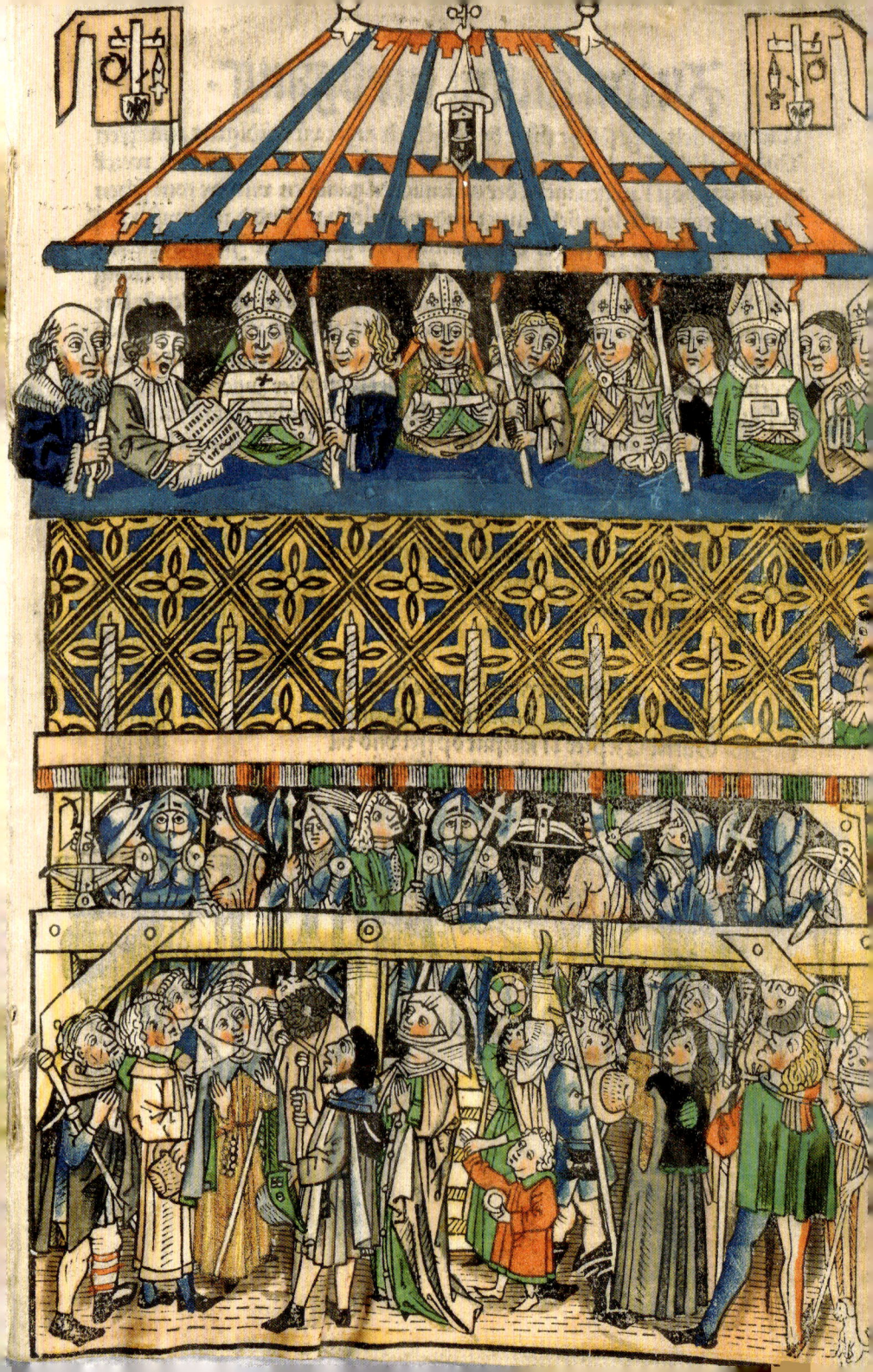

Katharina Schober

◾ Die repräsentative Funktion der Reichsinsignien und ihr Bedeutungswandel im Spätmittelalter

Der Überblick über die einzelnen Bestandteile des Reichsinsignienschatzes zeigt deutlich die Vielfalt, aber auch die Parallelen, die in der Entwicklung der diversen Herrschaftszeichen zu beobachten sind. Die meisten Insignien besitzen als Zeichen weltlicher Herrschaft antike Wurzeln, die auf eine gewisse Kontinuität in der Verwendung bestimmter Symbole hinweisen. Andererseits sind nahezu alle Objekte einer starken mittelalterlichen Prägung unterworfen, die sie von der antiken Tradition abhebt. Dies ist in erster Linie als eine Folge aus dem neu hinzutretenden Einfluss des Christentums zu verstehen, das seine Spuren in der mittelalterlichen Herrschaftsvorstellung hinterlassen und aus diesem Grund auch Einfluss auf Auswahl und Bedeutung der Herrschaftszeichen genommen hat. Andererseits scheint auch ein neues Bedürfnis nach greifbarer Visualisierung der Herrschaft zu Innovationen im Bereich der Insignien geführt zu haben. Diese speziell für das Mittelalter zutreffende Entwicklung wird insbesondere am Beispiel des Reichsapfels deutlich, der nun – anders als in der Antike – zu einem real existierenden Symbol der königlichen Herrschaft wird. Den starken Einfluss christlicher Spiritualität auf die Insignien zeigt auch die herausragende Bedeutung der Reichsreliquien, die stets eine Vorrangstellung innerhalb des Bestandes innehatten. Doch nicht nur als Einzelstücke, sondern auch in ihrer Gesamtheit übernahmen die Insignien im Laufe des Mittelalters zentrale repräsentative Aufgaben im Zusammenspiel der einzelnen Herrschaftsträger.

Die Insignien in der Schlacht

Die ursprünglichste repräsentative Funktion der Reichsinsignien entsprang wohl ihrer Verwendung im militärischen Kontext. So wird im Frühmittelalter vor allem im Zusammenhang mit großen Schlachten auf die Insignien verwiesen. Das herausra-

Heiltumsweisung in Nürnberg, Holzschnitt aus einem Heiltumsbüchlein, 1487

◾ 73

gendste Abzeichen königlicher Macht auf dem Schlachtfeld war die Heilige Lanze, die offensichtlich bereits im 10. Jahrhundert als wichtiges Siegeszeichen empfunden wurde. Daher beharrte Heinrich I. auf ihrer Auslieferung durch Rudolf von Burgund, ehe er es wagte, den Vertrag mit den Ungarn zu brechen. Liudprand beschreibt die Lanze als ein Zeichen, durch das „Gott das Irdische mit dem Himmlischen verbunden hat". In der Lanze kristallisiert sich nach frühmittelalterlichem Verständnis offenbar die göttliche Kraft und Unterstützung des gerechten Königs, des *rex iustus*, wie ihn Liudprand bezeichnet. Nach ihrer Übergabe an den König kommt die Lanze, nun ausdrücklich in den Quellen erwähnt, sowohl in der Schlacht bei Birten 939 als auch auf dem Lechfeld 955 zum Einsatz. Der König habe, so Liudprand, „seine Feinde erschreckt und in die Flucht getrieben, während ihm die Lanze als siegbringendes Zeichen vorangetragen wurde".[23]

In der Heiligen Lanze verbindet sich die Demonstration militärischer Stärke, aber auch das Bewusstsein religiöser Überlegenheit gegenüber den nichtchristlichen Ungarn. Das Herrschaftszeichen trägt in dieser frühen Zeit noch deutlich Spuren einer transzendentalen Auffassung des Königtums. Die Lanze verkörpert eine überirdische Macht, die den göttlichen Auftrag des Königs bestätigt und visuell fassbar macht. Gottes Wille und seine Wahl des „gerechten" Königs werden so vor aller Augen offenkundig gemacht. Da der Sieg in der Schlacht als Indiz für die rechtmäßige Herrschaft des Gewinners begriffen wurde, war sie auch der Haupteinsatzort der Herrschaftszeichen. Ihre repräsentative Funktion erfüllen sie als Ausweis und Abzeichen des legitimen Herrschers, indem sie ihn auf eine sakrale Ebene heben. Diese Auffassung trägt starke alttestamentarische Züge. So ist das Zitat Liudprands, das die Lanze als Verbindung von himmlischer und irdischer Macht und als „Eckstein" deutet, eine eindeutige, eine nahezu wörtliche Anlehnung an die Bücher Hiob und Jesaja.[24] Der rechtmäßige König des Frühmittelalters erfüllt die Aufgabe eines Priesterkönigs, eines Mittlers zwischen Gott und den Menschen. Im Herrschaftszeichen der Heiligen Lanze wird diese Funktion abgebildet und repräsentiert die Wehrhaftigkeit des legitimen Herrschers und die göttliche Rechtfertigung seines Auftrags.

Die Insignien als Instrumente der Designation und Korroboration
Anders als das Geschehen auf dem Schlachtfeld fällt die Designation in einen Bereich, der die legitimatorischen Grundlagen des Königtums betrifft. Als ausdrückliches Instrument der Designation werden die Reichsinsignien nur ein einziges Mal, im Fall des Herrschaftswechsels von Konrad I. auf Heinrich I. in den Jahren 918/919 ausdrücklich durch die Quellen erwähnt. Widukind von Corvey berichtet, dass Konrad auf dem Sterbebett seinem Bruder Eberhard die Insignien aushändigte und ihn mit folgendem Auftrag betraute: „Nimm also diese Insignien, die Heilige Lanze, die gol-

denen Spangen mit dem Mantel und dem Schwert der alten Könige und die Krone, gehe zu Heinrich und schließe Frieden mit ihm, damit du ihn für immer deinen Verbündeten nennen kannst. Was nämlich nützt es, dass das Volk der Franken trotz seiner Gegenwart mit dir untergeht? Er selbst nämlich wird wahrhaftig König sein und der Herrscher über viele Völker."[25]

Konrad übergab seine Macht an den von ihm gebilligten Nachfolger kraft der Herrschaftszeichen, ohne deren Übergabe offensichtlich kein friedlicher Herrschaftswechsel möglich war. Die Insignien repräsentieren hier nicht nur die königliche Herrschaft, sondern werden auch zu einem wichtigen Unterpfand des Friedens. Der Bruder des sterbenden Königs ordnet sich und mit ihm das ganze Volk der Franken durch das Übergaberitual dem Willen des neuen Königs unter, der noch über keinerlei dynastischen Rückhalt verfügt und seinen Anspruch bisher lediglich auf seine faktische Überlegenheit zurückführen kann.

Die neuen ottonischen Herrscher waren, insbesondere in den Anfängen der Dynastie unter Heinrich I. und Otto dem Großen, an einer Verbindung der eigenen Herrschaft mit karolingischen Traditionen sehr interessiert. Im Sinne des mittelalterlichen Kontinuitätsbewusstseins sollte insbesondere der heikle Herrschaftswechsel zu Beginn des 10. Jahrhunderts nicht im Licht von Usurpation und gewaltsamer Aneignung des Thrones erscheinen. In repräsentativer Hinsicht wurde den Insignien zumindest die potentielle Aufgabe der Herrschaftsübertragung zugestanden. Sie übernehmen hier eine Herrschaft begründende und legitimierende Funktion in einer Zeit, in der Königsherrschaft sinnlich „greifbar" veranschaulicht werden musste.

Wesentlich realistischer als eine wirkliche Designation ist die Korroboration, das heißt die Bestärkung einer bereits erfolgten Entscheidung für einen König durch die Übergabe oder Auslieferung der Insignien. So heißt es beispielsweise beim Chronisten Wipo, die alte Königin Kunigunde, Witwe Heinrichs II., habe nach dem Tod ihres Mannes und der Designation Konrads 1024 „die königlichen Insignien, die Kaiser Heinrich ihr anvertraut hatte, mit Freuden an den Nachfolger ihres Gatten übergeben".[26] Konrads Wahl zum König hatte zu diesem Zeitpunkt bereits stattgefunden, so dass die Übergabe der Insignien keinerlei rechtliche Veränderung bewirkte, sondern lediglich eine bereits erfolgte Entscheidung bekräftigte. Im umgekehrten Sinne kann die Auslieferung der Insignien durch den König die Versinnbildlichung seines Machtverlustes bedeuten. Nachdem etwa Heinrich IV. seine Handlungsfreiheit als König verloren hatte, sah er sich im Jahr 1105 gezwungen, die Insignien an seinen Sohn auszuliefern.[27] Der Verzicht auf die Insignien besiegelte dabei keineswegs den Moment des Machtverlustes, sondern macht nur die bereits erfolgte Niederlage in ritualisierter Form sichtbar. Dieses Vorgehen blieb grundsätzlich auch im Spätmittelalter erhalten. Der König, der nunmehr kontinuierlich von den Kurfürsten gewählt wurde, verfügte in der Regel unmittelbar nach der Wahl noch nicht über die mittlerweile an festen Orten wie dem Trifels oder später der Reichsstadt Nürnberg deponierten Insignien. Bei einer einhelligen Wahlentscheidung wurden ihm die Herrschaftszeichen aber zumeist innerhalb kurzer Zeit übermittelt beziehungsweise nach ihrer festen Deponierung in Nürnberg zu besonderen Anlässen zeitweilig überlassen. Im Falle einer Doppelwahl wurden die Insignien aufgrund ihres hohen Symbolgehaltes und Traditionswertes zu beliebten Objekten im Kampf um die Anerkennung der eigenen Legitimität. Der Besitz der Reichsinsignien bekräftigte die vollständige Durchsetzung der eigenen Herrschaftsansprüche und bildete im weiteren Verlauf des Mittelalters zunehmend auch die Voraussetzung für einen weiteren Ausbau der eigenen Herrschaft, etwa in Form der Kaiserkrönung. Die Insignien erfüllen hier eine repräsentative Funktion als bestärkende Symbole einer durchsetzungskräftigen, zukunftsträchtigen Herrschaft, so dass im Spätmittelalter ihr Besitz oder, noch präziser, ihre Erwerbung im Lauf der ersten Herrschaftsjahre zu einem wichtigen Bestandteil monarchischer Herrschaft wurde.

Die Insignien als Zeichen dynastischer Identität
Als 1024 mit dem Tod Heinrichs II. die ottonische Dynastie ein Ende fand, stellte sich zum ersten Mal nach über einem Jahrhundert wieder die Frage nach dem *rex idoneus*, der geeigneten Person für den vakanten Königsthron. Mit dem Salier Konrad II. betrat eine neue Königsdynastie die politische Bühne. Unter den ottonischen Königen hatte vor allem die Heilige Lanze eine zentrale Rolle innerhalb der herrschaftlichen Repräsentation gespielt, so dass eine Anknüpfung an ottonische Tradition und Herrschaft zunächst als sehr naheliegend erscheint. In der Zeit Konrads II. entsteht jedoch eine neue Insignie, die für das Selbstverständnis der Salier von entscheidender Bedeutung sein sollte. Unter der Leitung Bischof Werners von Straßburg brach 1027 eine Gesandtschaft nach Byzanz auf mit dem erklärten Ziel, um eine byzantinische Prinzessin als Gemahlin für den jungen Heinrich III. zu werben. In den Wirren nach dem Tod des Basileus Konstantin VIII. scheiterte zwar die primäre Mission der Gesandtschaft, doch kehrte die Gruppe um Manegold von Donauwörth durchaus nicht mit leeren Händen ins Reich zurück. Der neue Basileus hatte die Gesandtschaft vor ihrer Heimkehr mit einem beachtlichen Stück der als „Kreuz Christi" in Byzanz verehrten Reliquie beschenkt. Der Hauptteil dieser Kreuzespartikel wurde in eine neue Reichsreliquie, das „Reichskreuz", eingearbeitet. Das Kreuz trägt die Inschrift: ECCE CRVCEM DOMINI FVGIAT PARS HOSTIS INIQVI. HINC, CHVONRADE, TIBI CEDANT OMNES INIMICI (Vor diesem Kreuz des Herrn möge der Anhang des Feindes fliehen. Daher mögen alle Feinde vor dir, Konrad, weichen).

Bereits diese eingravierten Worte verweisen auf die Tragweite des Kreuzes für das Selbstverständnis Konrads II.: Syntaktisch und inhaltlich werden Konrad und das Kreuz Christi auf eine Stufe gestellt. So wie vor Christus selbst und seinem Kreuz mögen die Feinde auch vor Konrad weichen und seine Herrschaft anerkennen. Auf der Suche nach einer neuen Legitimation der jungen salischen Dynastie stärkten Konrad und sein Nachfolger Heinrich III. insbesondere den sakralen Charakter königlicher Herrschaft. Die *imitatio Christi*, die Nachahmung Jesu, wurde zum neuen Schlagwort einer Idee, deren Ziel die totale Vergegenwärtigung des Leidens Christi am Kreuz ist. Der König als *vicarius Christi*, als Stellvertreter Christi auf Erden, ließ durch diese Imagination immer mehr die Grenzen zwischen irdischer und himmlischer Sphäre verschwimmen und erhob Anspruch auf eine gottgegebene Autorität. Das Reichskreuz wurde unter Konrad II. zum Träger dieser gesteigerten Form sakralen Königtums, die unter Heinrich III. ihren Höhepunkt erreichte.

Wie aber verhält sich die repräsentative Rolle des Reichskreuzes in Bezug auf die übrigen Insignien? Im April 1062 bemächtigte sich der Kölner Erzbischof Anno II. des noch minderjährigen Heinrichs IV. und entführte ihn über den Rhein nach Köln. In der hektischen Atmosphäre der Entführung und bedrängt durch Verfolger machte Anno dennoch kurz vor der Flucht noch einen Umweg über die Hofkapelle, um zwei Gegenstände nicht zurückzulassen: „Nachdem also der Plan beschlossen war und als sich der König in der Nähe des Rheins an einem Ort befand, der Werth genannt wird, betraten sie plötzlich mit einer großen Menschenmenge den Hof, nahmen das Kreuz und die königliche Lanze aus der Hofkapelle, setzten den König selbst in ein Schiff und brachten ihn ohne Widerstand nach Köln."[28]

Der Autor der Annales Altahenses verliert kein Wort über den übrigen Bestand der Insignien, sein Augenmerk richtet sich einzig und allein auf Kreuz und Lanze, die scheinbar das besondere Interesse des Kölner Erzbischofs fanden. Anno begnügte sich offenbar nicht mit der Person Heinrichs selbst, sondern sah erst in der Kombination aus König und Insignien den Garanten für einen uneingeschränkten Einfluss auf das salische Königtum. Reichskreuz und Heilige Lanze scheinen zu einem repräsentativen Attribut rechtmäßiger Königsherrschaft verschmolzen zu sein. Immer wieder wird in den Quellen der salischen Zeit auf das Ensemble dieser beiden Reliquien verwiesen. Vor allem im Zusammenhang der Krönung werden Lanze und Kreuz als Ensemble den salischen Herrschern vorausgetragen. Die Heilige Lanze wurde dabei mittels einer Vertiefung in das Kreuz eingefügt und von diesem umschlossen. Die durch diese Kombination entstehende Insignie bedeutet nicht nur materiell eine Symbiose der beiden Objekte. Die Lanze, das Visualisierungsmedium ottonischen Heerkönigtums, wurde gleichsam zur Stütze der neuen Dynastie und ihrer Konzeption, die sich im Zeichen des Reichskreuzes widerspiegelte. Die Anbindung der neuen

Dynastie und die Verankerung in der königlichen Tradition der Vorgänger standen im Zeichen mittelalterlichen Kontinuitätsbewusstseins, das das Neue nur als Fortsetzung des Alten denkbar machte. Das ottonische Königtum wurde mittels der Heiligen Lanze in die neue Dynastie integriert und diente deren verstärkter Legitimation. Die neue, durch Symbiose zweier Reichsreliquien entstandene Insignie repräsentierte daher im weiteren Sinne auch die Idee eines dynastischen Königtums, das die Salier seit Konrad II. für sich beanspruchten. Auf diese Weise wollten sie sich von einem konsensualen „Wahlakt", wie er noch am Beginn der Herrschaft Konrad gestanden hatte, abgrenzen. In einer Zeit wachsenden Familienbewusstseins wurde die neue Reichsinsignie zu einem Wahrzeichen dynastischen Selbstverständnisses, das über die Person des einzelnen Herrschers hinausreicht.

Die Rolle der Insignien bei der Königs- und Kaiserkrönung

Die Übergabe von Herrschaftszeichen im Rahmen der Königs- beziehungsweise Kaiserkrönung ist seit dem Frühmittelalter fester Bestandteil des Krönungszeremoniells. Die traditionsreichste der Insignien ist in diesem Zusammenhang die Krone. Sie wird in den Ordines – also den Büchern mit den liturgischen Gebeten und den Riten für die Königsweihe – zumeist als *signum gloriae, diadema regni* und *corona imperii*[29] bezeichnet. Bis in die Zeit der Goldenen Bulle von 1356 galt der Akt der Salbung und der Krönung als eigentlicher Beginn der Herrschaft. Im ausgehenden Mittelalter dagegen verlagerte sich das Hauptereignis immer mehr auf den Wahlakt. Der Verlauf der Krönung war in den entsprechenden Ordines genauestens geregelt und erfuhr insbesondere in Bezug auf die Insignien im Lauf des Mittelalters eine starke Ausweitung. Die Übergabe der Insignien war ein wichtiger Teil der Krönungsmesse, die seit dem Hochmittelalter in der Regel in Aachen durch den Erzbischof von Köln zelebriert wurde. Die Kaiserkrönung in Rom unterschied sich vor allem durch die fehlende Thronsetzung – stattdessen hatte der Kaiser dem Papst den Marschalldienst zu leisten. Die detaillierte Schilderung einer Kaiserkrönung findet sich etwa bei dem italienischen Historiographen Piccolomini für die Krönung Friedrichs III. Der Kaiser wurde nach seiner Ankunft bei Sankt Peter durch einige Kardinäle zu dem bereits auf einem Thronsessel sitzenden Papst geführt, nachdem er zuvor einen Eid abgeleistet und mit den entsprechenden Kleidungsstücken eingekleidet worden war. Das Reichskreuz und die Heilige Lanze wurden dem Kaiser dabei offenbar als bedeutende Beweisstücke seiner gottgewollten Herrschaft vorangetragen.[30] Nach der Salbung zwischen den Schulterblättern und am rechten Arm setzte das Hochamt ein, zu dessen Beginn die Übergabe der Insignien stattfand. Die Aushändigung jedes Herrschaftszeichens wurde durch eine allegorische Auslegung seiner Symbolkraft begleitet. Zunächst empfing der Kaiser das Schwert, das ihn an seine Aufgabe als Verteidiger der Kirche gemahnte. Der Kaiser zog das Schwert nach dessen Übergabe aus der Scheide, schwang es dreimal als Zeichen seiner militärischen Stärke und steckte es zurück in die Scheide. Sodann wurde er mit der infulierten Krone gekrönt, ein Akt, der den eigentlichen Höhepunkt der Zeremonie darstellte. Zuletzt ergriff er mit der rechten Hand die Sphaira, mit der linken Hand das Zepter. Im Zuge einer jeden Krönung spielten Herrschaftszeichen eine zentrale repräsentative Rolle bei der Versinnbildlichung des Gekrönten als des von Christus auserwählten Herrschers. Die Reichsinsignien gewannen also nur in ihrer Symbolträchtigkeit eine spezielle Bedeutung im Rahmen des Krönungszeremoniells, nicht jedoch als individuelle Objekte. Die Übergabe der Insignien im Verlauf der Krönung erfolgte im Spätmittelalter in einem detailliert geregelten Ritual, das vor allem auch der Demonstration bestimmter Rangordnungen diente. In der Königskrönung zeigten die Insignien die herausragende Stellung des Gekrönten, sie wurden gleichsam zu Abzeichen seiner Privilegiertheit und aufgrund der Symbolkraft der einzelnen Insignien zu Abbildern seiner besonderen transzendentalen Bindung. Die Insignienübergabe während der Kaiserkrönung wurde zu einer Demonstration der besonderen Bindung zwischen Kaiser und Papst. Durch seine Exponiertheit auf dem Thron und seine Rolle als Koronator, aber auch durch den ihm zu leistenden Marschalldienst brachte der Papst seinen Vorrang zum Ausdruck, während der Kaiser demütig die Krone aus seinen Händen empfing, aber auch seine Wehrhaftigkeit als Beschützer der Kirche auf Erden unter Beweis stellte.

Die Insignien im Herrschaftsalltag

Auch außerhalb des Krönungszeremoniells spielten Herrschaftszeichen im Alltag des Königs eine zentrale Rolle. Die Goldene Bulle sieht das Tragen der Insignien etwa für alle Hoftage verpflichtend vor.[31] Es ist unwahrscheinlich, dass die Reichsinsignien nach ihrer Deponierung in Nürnberg zu jedem Hoftag bereitgestellt wurden, aber zumindest nach der Krönung trat der neue Monarch mit den Insignien bekleidet in der Öffentlichkeit auf. Daneben gab es auch den Brauch der Festkrönungen, gemäß dem der König an hohen Festtagen „unter der Krone ging". Dieser Brauch war im Früh- und Hochmittelalter recht weit verbreitet, während er im Spätmittelalter weniger häufig belegt ist. Dennoch scheint das öffentliche Tragen der Insignien zu besonderen Anlässen vor allem in der Zeit Karls IV. fester Bestandteil der herrschaftlichen Repräsentation gewesen zu sein. Für ihn gibt es besonders zahlreiche Belege in den Quellen, die die Verwendung der Insignien meist im Rahmen von Festgottesdiensten oder Belehnungsakten dokumentieren. Erstaunlich ist dabei die Tatsache, dass es sich im Spätmittelalter offenbar wesentlich häufiger um weltliche Akte handelte als in den Jahrhunderten zuvor. Dies ist umso bemerkenswerter angesichts der

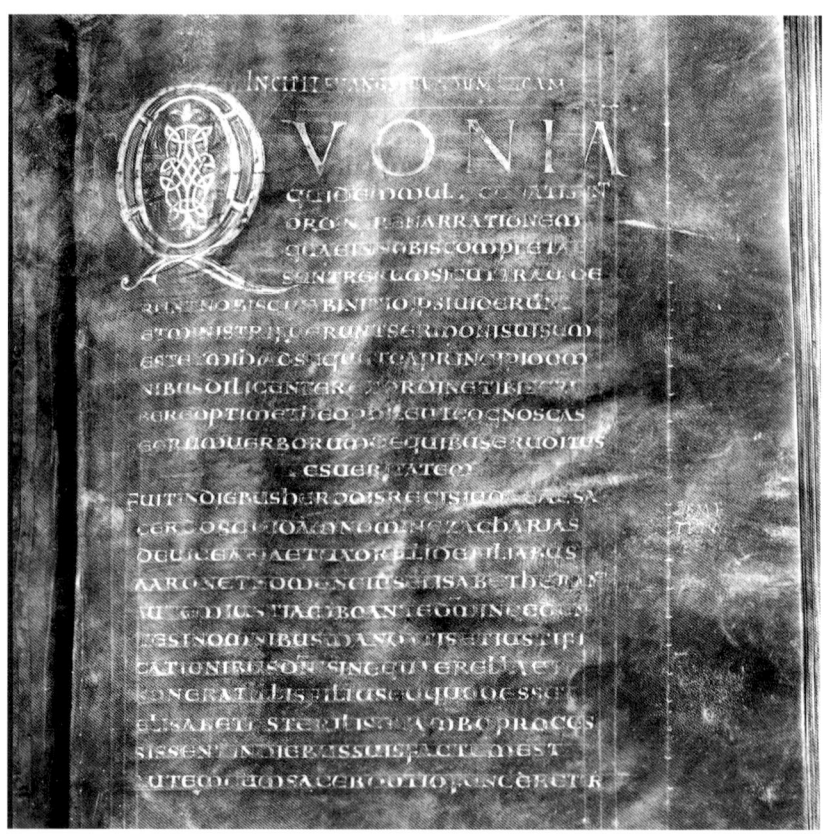

Reichsevangeliar, Anfang des Lukasevangeliums

Tatsache, dass die Insignien durch ihre Identifikation mit Karl dem Großen seit dem 14. Jahrhundert einem zunehmenden Sakralisierungsprozess unterlagen.

Andererseits weist insbesondere das Spätmittelalter eine wachsende Ritualisierungstendenz auf, in deren Zuge auch den Insignien eine steigende Bedeutung zukommt. Dies zeigt sich etwa an dem durch Karl IV. eingeführten Weihnachtsdienst mit seiner stark symbolischen Verwendung der Insignien. Seit den 40er Jahren des 14. Jahrhunderts pflegte der Kaiser in der Weihnachtsmette „mit gezogenem Reichsschwert" den Beginn des Lukasevangeliums aus dem Krönungsevangeliar singend vorzutragen.

Die Bibelstelle nimmt gleich zu Beginn Bezug auf das von Kaiser Augustus ausgehende Edikt zur Volkszählung und konstruiert durch die Nennung des ersten römischen Kaisers eine imaginäre Traditionslinie zwischen spätmittelalterlicher und antiker Herrschaft. Das Recht der Evangeliumsverkündung stand dem Kaiser prinzipiell aufgrund seiner Herrscherweihe zu, doch hat erst Karl IV. daraus ein jährlich wiederkehrendes Ritual geschaffen. Neben dem Reichsschwert in den Händen des Kaisers und der Krone auf seinem Haupt waren offenbar auch die übrigen Insignien zugegen, wie eine bildliche Darstellung des Weihnachtsdienstes in Cambrai aus dem Jahr 1377 illustriert. Die Insignien werden hier zu Sinnbildern königlicher Stärke, die in diesem Fall besonders gegenüber dem französischen König demonstriert werden sollte. Unter König Sigismund wurde der Weihnachtsdienst auf wichtige politische Situationen wie etwa auf dem Basler Konzil beschränkt und nicht mehr alljährlich zelebriert. Der Weihnachtsdienst sollte nicht nur gegenüber anderen Herrschern, sondern auch gegenüber dem Papst und der Kirche Stärke und Handlungsfreiheit signalisieren. Die Bedeutung des Schwertes wird deutlich am Konflikt zwischen Sigismund und dem Papst, der den König mehrmals zum Tragen eines päpstlichen Schwertes anstelle des Reichsschwertes bewegen wollte. Wie an wenigen anderen Stellen kommt hier exemplarisch die repräsentative Kraft der Insignien zum Ausdruck. Sie verkörpern die autonome Herrschergewalt des Königs, der auch vor dem sich zwangsläufig ergebenden Konfliktpotential gegenüber dem Papsttum nicht zurückscheute.

Im weltlichen Bereich hingegen setzten sich im Spätmittelalter Zepter und Schwert als Zeichen der Investitur durch, wobei als paralleler Brauch die Fahnenleihe fortbestand. So vollzog etwa Friedrich III. nach seiner Kaiserkrönung 1452 den offenbar üblichen Brauch der Erhebung in den Ritterstand mittels des Reichsschwertes, mit dem er an einem Tag 300 Männer zu Rittern schlug.[32] Jenseits des sakralen Bereichs dienten die Insignien also vor allem der Übertragung von Macht an abhängige Personen. Die Insignien repräsentierten dabei den Autoritätsanspruch des Herrschers, aber auch das Band, das zwischen investierter und investierender Person durch die Berührung mit dem Herrschaftszeichen entstand.

Die Insignien in der Interaktion mit den Reichsfürsten

Eine zentrale repräsentative Funktion der Reichsinsignien wird erst durch ihre Bedeutung im Zusammenspiel zwischen Herrscher und Reichsfürsten deutlich. Insbesondere den Kurfürsten kam im Spätmittelalter eine bedeutende Rolle in solchen Momenten zu, in denen der Monarch seine Insignien ablegte. Diese Situation ergab sich vor allem in Momenten der Demut, etwa beim Empfang der Eucharistie, in denen der König seine Funktion als Diener Gottes und die Vergänglichkeit und Bedeutungslosigkeit seiner Macht im Vergleich zur göttlichen Allmacht betonte. Im weltlichen Kontext entstand die Notwendigkeit des Ablegens der Insignien immer dann, wenn der König über beide Hände verfügen musste, etwa beim Akt der Belehnung. Ursprünglich diente insbesondere das Vorantragen der Insignien, vor allem des nach oben gerichteten Reichsschwertes vor dem König, der Demonstration eines Abhängigkeitsverhältnisses, in dem sich der Träger der Insignien befand. So trug etwa der dänische König Magnus 1134 in Halberstadt das Schwert vor Kaiser Lothar III. als „Zeichen seiner Unterwerfung".[33] Schrittweise wandelte sich die Unterwerfungsgeste zu einem feststehenden Ehrendienst, um den einzelne Fürsten miteinander konkurrierten, bis der sächsische Kurfürst im Laufe des 13. Jahrhunderts dieses Recht für sich reklamieren konnte.

In der Goldenen Bulle ist das Tragen und Halten der Insignien durch die Reichsfürsten detailliert geregelt. Neben dem Herzog von Sachsen und seinem Recht auf das Vorantragen des Reichsschwerts wird dem rheinischen Pfalzgraf der Reichsapfel zugesprochen, den er zur Rechten des Königs trägt. Der Markgraf von Brandenburg schließlich trägt die Verantwortung für das königliche Zepter, das er zur Linken des Königs mit sich führt.[34] Unter den weltlichen Kurfürsten bleibt einzig der König von Böhmen ohne eine Insignie, eine Tatsache, die den Ursprung des Insignientragens als dienender Geste noch sehr deutlich zeigt, da sie offenbar dem einzigen ebenfalls gekrönten Haupt unter den Kurfürsten nicht zugemutet werden konnte. Trotz dieser Bestimmungen konnten die Insignien etwa bei Nichtanwesenheit des betreffenden Kurfürsten oder aufgrund einer situationsbedingten Entscheidung des Herrschers ad hoc einer anderen Person als besonderer Gunstbeweis zugesprochen werden, so dass es häufig auch zu Konflikten um das Recht des Insignientragens kommen konnte.

Welche repräsentative Rolle übernahmen die Insignien jedoch im Rahmen des Herrschaftsalltages, etwa während einer Belehnung? Ulrich von Richental beschreibt in seiner Chronik des Konstanzer Konzils die Belehnung des Burggrafen Friedrich von Nürnberg mit der Mark Brandenburg im Jahr 1417 durch König Sigismund. Sein Bericht spiegelt die Bedeutung der Insignien im Zusammenspiel zwischen Herrscher und Fürsten sehr deutlich wider. Der Akt der Belehnung fand unter freiem Himmel auf dem Obermarkt in Konstanz statt. Zunächst betrat der Pfalzgraf mit dem gezogenen Schwert, *bloß swert*, den Platz. Ihm folgten der Herzog von Sachsen mit einem *güldin gilgen*, das heißt einem Lilienzepter, das nicht mit dem Reichszepter identisch war, und der Herzog von Bayern mit dem Reichsapfel, *ain michli kugel*.[35] Anschließend schildert Ulrich das Erscheinen des Königs, der lediglich die Krone auf dem Haupt trug, nun aber das Zepter und den Apfel in die Hand nahm, während ihm das Schwert in den Schoß gelegt wurde. Erst jetzt erschien der Burggraf, stieg von seinem Pferd und kniete mit einem Banner in der Hand vor dem König nieder. Nach dem Vorlesen des zu leistenden Eides gab der König Zepter und Apfel an den jeweiligen Träger zurück, während der Pfalzgraf mit dem Schwert in

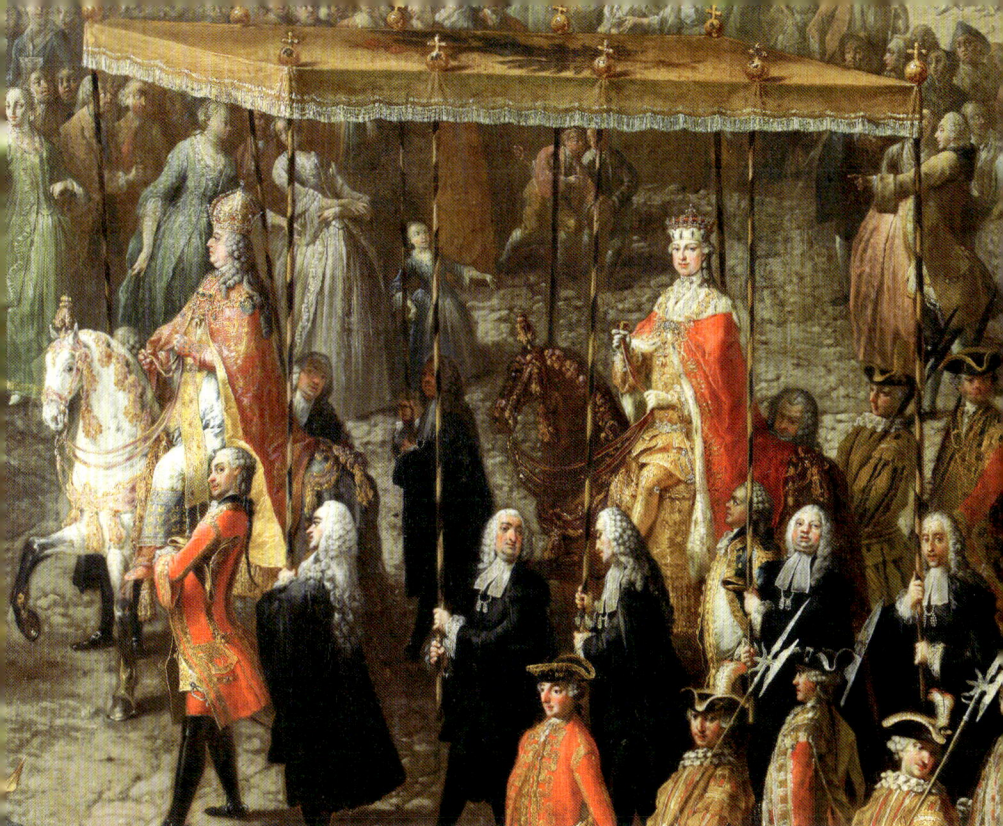

Krönungszug Josef II.- Detail nach Meytens

die Krone zeigte, *stackt den spitz in des küngs kron.*[36] Gemäß dem Bericht Ulrichs ergriff der König nun die beiden Banner und empfing den Eid, während im Aulendorf-Codex die Investitur durch das gemeinsame Halten des Zepters erfolgte.

Ähnlich wie auch in den zuvor beschriebenen Kontexten repräsentieren die Herrschaftszeichen hier ebenfalls die Herrschaft und Machtfülle des Königs, doch in diesem Fall zeigt sich sehr deutlich, dass die Basis der königlichen Autorität ein Zusammenspiel zwischen den einzelnen Parteien ist. Die Insignien dienten der Abbildung von Machtstrukturen, von Königsnähe und dem Recht auf Mitbestimmung. Die beteiligten Reichsfürsten, die den König durch das zeitweilige Halten der Insignien unterstützten, signalisierten auf diese Weise ihre Zustimmung zum öffentlichen Handeln des Monarchen. Andererseits wurden sie auch nicht zu bloßen Statisten degradiert, sondern nahmen aktiv an dem Geschehen teil, indem sie etwa das Schwert auf die Krone des Königs richteten. Auf diese Weise wurden sie zu Teilhabern der königlichen Macht. Ohne ihre Hilfe wäre eine Ausübung der Herrschaft undenkbar gewe-

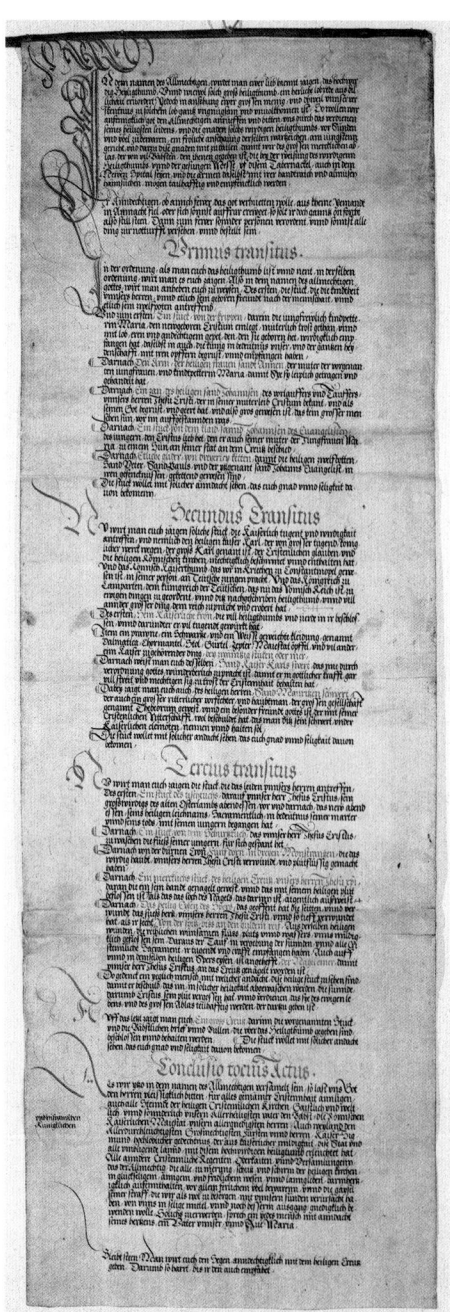

Schreizettel der Stadt Nürnberg, 1519

sen. Der Umgang mit den Insignien zeigt also auch das Selbstbewusstsein der Reichsfürsten, die auf ihrer Beteiligung an der königlichen Herrschaftsausübung beharrten und die nicht ohne Weiteres übergangen werden konnten. Der Belehnte hingegen wurde durch das gemeinsame Halten des Zepters in diesen engen Kreis aufgenommen und partizipierte an der königlichen Macht. Die Reichsinsignien repräsentierten also im Miteinander der Reichselite die in der Goldenen Bulle festgehaltene Ordnung des spätmittelalterlichen Reiches, die auf einem Konsens zwischen König und Fürsten beruhte. Die Herrschaftszeichen und ihre Verwendung veranschaulichten so die häufig auf das Reich angewandte Metapher von Haupt und Gliedern.

Die Insignien in den spätmittelalterlichen Heiltumsweisungen
Im 13. Jahrhundert gewannen die Reichsinsignien im Zuge des wachsenden Karlskultes eine neue Dimension als Objekte einer öffentlichen Verehrung. Die Insignien wurden zunehmend als „Heiltümer" betrachtet, deren Betrachtung und Verehrung mit besonderer göttlicher Gnade in Verbindung gesetzt wurde. Dies zeigt sich in öffentlichen Zurschaustellungen der Insignien, wie sie etwa die bereits erwähnte Hofdame Königin Elisabeths für das Jahr 1315 in Basel schilderte. In ihrer Beschreibung der Herrschaftszeichen ist der Bezug zu Karl dem Großen deutlich zu erkennen. 1354 führte Innozenz VI. auf Bitten Karls IV. ein Fest zu Ehren der Heiligen Lanze und der Nägel vom Kreuz Christi ein, das auf den zweiten Freitag nach Ostern festgelegt wurde. Bereits Karl IV. selbst versuchte in seiner Residenz in Prag eine jährliche Heiltumsweisung durchzuführen, doch erst nach der Deponierung der Insignien in Nürnberg unter Kaiser Sigismund wurde das Heiltumsfest zu einem alljährlich wiederkehrenden Ritual, das Pilger aus allen Teilen des Reiches anlockte und mit einem Ablass belohnte.

Die Heiltümer wurden dabei in Nürnberg an der Westseite des Hauptmarktes von dem so genannten Heiltumsstuhl, einem turmartigen Gerüst aus Holz, der Bevölkerung gezeigt. Nachdem ein Ausrufer die genauen Ablässe verkündet hatte, wurden die Insignien in drei Umgängen vorgeführt, wobei in steigernder Reihenfolge zunächst Reliquien aus der Kindheit Christi, danach die übrigen Herrschaftszeichen und schließlich als Höhepunkt die Passionsreliquien gewiesen wurden. In einem „Schreizettel", der für den Ausrufer bestimmt war, wurden die einzelnen Gegenstände näher erklärt: *„Nv wirt man euch zaigen soliche stueck die Kaiserlich tugent vnd wirdekait antreffen, vnd nemlich den heiligen Karl, der von gwisser tugend koeniglicher werck wegen der groß Karl genant ist."*[37]
Der Text der Heiltumsweisung zeigt recht deutlich den Ursprung und Grund der Verehrung, nämlich die Bezugnahme auf Karl den Großen oder auf Christus selbst, wie es bei den Passionsreliquien der Fall ist. Die Insignien erfuhren eine Umdeutung

und wurden nun zu Objekten eines Erinnerungskultes, der zwar seinerseits zu einer Identifikation mit dem Reichsganzen geführt haben kann, aber wohl vor allem die in Nürnberg deponierte Gegenstandsgruppe aufgrund ihres auch zunehmend betonten Reliquiencharakters in den Fokus der allgemeinen Aufmerksamkeit rückte. In Zusammenhang mit der Person des Herrschers repräsentierten sie, wie auch der Schreizettel zum Ausdruck bringt, Tugend und Würde des Königs, waren also Abzeichen seiner Macht. Durch ihren Charakter als Heiltümer gewannen sie im Spätmittelalter einen gewissen individuellen Charakter, wie er ihnen in den Jahrhunderten zuvor nur in Teilen, etwa in Bezug auf die Heilige Lanze, innewohnte. Diese Eigenständigkeit erreichten sie aber nicht als Symbole einer abstrakten Reichsvorstellung oder einer Identifikation mit dem Reichsganzen, sondern allein aufgrund ihrer neuen Sakralität.

Die Mystifizierung und Verklärung der Insignien als Repräsentanten des gesamten Reiches ist schließlich wohl größtenteils ein Produkt des 19. Jahrhunderts, das seine nationalen Sehnsüchte auf das Mittelalter projizierte und so den Insignien eine ganz neue Bedeutung übertrug.

Peter Pohlit

Nachbildungen der Reichskleinodien

Die Aachener Nachbildungen der Reichskleinodien

Über mehrere Jahrhunderte hinweg war Aachen, der einstigen Metropole Karls des Großen, eine besondere Rolle als Krönungsstadt der Könige zugefallen. Von 936 bis 1530 fanden in der Marienkirche, dem heutigen Dom, mehr als 30 Königskrönungen statt. Drei Stücke der dabei als Kultgegenstände verwendeten Reichskleinodien, nämlich das Reichsevangeliar, die Stephansbursa und der Säbel – das sogenannte Schwert Karls des Großen – befanden sich bis 1794 im Besitz der Stadt, bevor sie, um sie dem Zugriff der Franzosen zu entziehen, zunächst nach Paderborn gebracht wurden und schließlich 1801 wie auch der übrige Krönungsschatz von Nürnberg nach Wien gelangten. Einer Rückführung nach Ende der napoleonischen Ära widersetzte sich die Habsburger Monarchie. Nachdem sich Kaiser Franz Joseph 1914 geweigert hatte, die Reichskleinodien für die 1915 in Aachen geplante Krönungsausstellung zur Feier der 100-jährigen preußischen Herrschaft auszuleihen, befasste man sich mit dem Gedanken, Nachbildungen erstellen zu lassen. So fertigten zwischen 1914 und 1920 die beiden Goldschmiede Bernhard Witte (1868–1947) aus Aachen und Paul Beumers (1865–1950) aus Düsseldorf anhand von Fotografien, Aquarellen und Nachmessungen genaue Kopien von den elf Hauptstücken an, dem Reichskreuz, der Stephansbursa, dem Evangelienbuch, der Kaiserkrone, dem Reichsschwert, dem Reichsapfel, dem Zepter, dem Aspergill, dem Zeremonienschwert sowie der Heiligen Lanze und dem Säbel. Die geplante Ausstellung 1915 wurde durch den Ausbruch des Ersten Weltkriegs verhindert. Erstmals in ihrer Gesamtheit präsentierten sich 1925 die Aachener Nachbildungen zur großen Jahrtausendausstellung der Öffentlichkeit. Seit 1967 befinden sie sich im Krönungsfestsaal des Aachener Rathauses. Die Kopien wurden aus dem gleichen Material hergestellt wie die Originale und verschlangen, auch wenn es leichte Abweichungen in der Farbe der Edelsteine und der Maße gab, 168.721 Mark, eine damals ungeheure Summe, wenn man vergleicht, dass die Frankfurter Kopien von Krone, Zepter und Reichsapfel beispielsweise lediglich 3.000 Mark gekostet hatten.

10.000 Mark steuerte Kaiser Wilhelm II. bei, die Rheinprovinz leistete einen Beitrag von 55.000 Mark. Der Löwenanteil von 103.721 Mark fiel allerdings der Stadt Aachen zu. Ob echte Kopien hergestellt werden sollten oder idealisierte Nachbildungen, darüber waren Beumers und Witte sich nicht einig. Beumers ging es darum, Beschädigungen, die im Laufe der Jahrhunderte an den Originalen entstanden waren, nicht weiter zu berücksichtigen, stattdessen Nachbildungen in einwandfreiem Aussehen herzustellen. Witte hingegen neigte dazu, an seinen drei Auftragsarbeiten auch alle Mängel, Verluste und Reparaturen zu dokumentieren. Durch die Verwendung von echtem Material erlangten die Aachener Nachbildungen im Gegensatz zu anderen Kopien immerhin eine besondere Ausstrahlung. Sie befinden sich ausnahmslos im Besitz der Stadt Aachen und wurden 1979 durch den Goldschmied Gerhard Thewin konserviert. Eine große Rolle als Propagandamittel spielten die Aachener Nachbildungen während der Nationalsozialistischen Zeit. In der Berliner NS-Ausstellung „Deutsches Volk – Deutsche Arbeit" vom 21. April bis 3. Juni 1934, der bis dahin umfangreichsten deutschen Ausstellung, wurden sie insgesamt 750.000 Menschen gezeigt. Man hatte dazu eigens eine Schatzkammer gebaut, die der Besucher erst nach Durchschreiten einer Ehrenhalle erreichte. Für den Nürnberger Reichsparteitag der NSDAP vom 5. bis 10. September 1934 war für sie eine Zurschaustellung mit noch größerem Pomp vorgesehen. Während der feierlichen Begrüßung Hitlers durch den Nürnberger Oberbürgermeister Willy Liebel waren sie zu beiden Seiten des Rednerpults in Vitrinen aufgebaut. Hitler sollte als „Erbe tausendjährigen groß-deutschen Herrschertums" dargestellt werden, wobei es offensichtlich unerheblich blieb, dass es sich bei den Sinnbildern ja nur um Kopien handelte. Zur Eröffnung des Reichsparteitags am 10. September 1935 erhielt Hitler vom Nürnberger Oberbürgermeister Liebel ein „Reichsschwert" zum Geschenk. Vorgesehen war, die von Witte hergestellte Kopie von Beumers Nachbildung des Zeremonienschwerts von 1915 zu übergeben. Weil aber das Stück nicht rechtzeitig fertig geworden war, bekam Hitler zunächst das Schwert Beumers. Um die Jahreswende 1935/36 kam Wittes schließlich vollendetes Stück in den Privatbesitz Hitlers. Es gilt seit 1945 als verschollen.

Gemeinsam mit den anderen Aachener Kunstschätzen kamen die Nachbildungen im September 1944 in ein Bergwerk bei Siegen, nachdem sie selbst in den Zeiten des Krieges in mehreren Wanderausstellungen, so in München, Prag, Magdeburg, Breslau, Brüssel und Straßburg, zu Propagandazwecken hatten herhalten müssen. Am 6. April 1945 wurden sie von den Amerikanern beschlagnahmt und zunächst für die echten Reichskleinodien gehalten. In den Bergwerkstollen gab es für die Armeeangehörigen eine eigene Ausstellung. Bereits am 26. Mai 1945 gelangten die Stücke aber unbeschadet zusammen mit dem Domschatz wieder nach Aachen zurück.

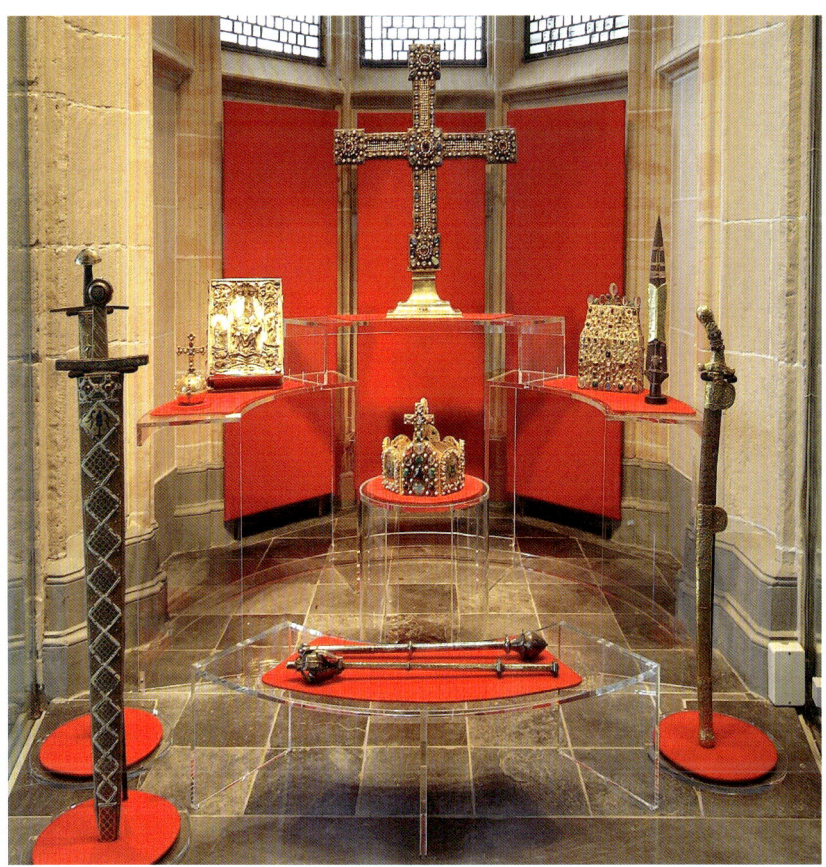

Aachen, Rathaus, Nachbildungen der Reichskleinodien

Die Nachbildungen im Einzelnen:

Stephansbursa (Stephansburse): 1914 hergestellt von B. Witte, nachgebildet nur in ihren äußeren Formen, da das Original nicht geöffnet werden durfte. Goldblech über Holzkern ohne die Ausfachungen des Originals; Rückseite vergoldetes Silber; Zuchtperlen und Edelsteine wie Amethyst, Smaragde, Ceylonsaphire, Turmalin, Granat, Perlmutt und Goldfluss. Detailgetreu wurden alle Schadens-, Bearbeitungs- und Reparaturspuren übernommen. Die Kopie wurde am 27. Oktober 1915 erstmals auf der Generalversammlung des Aachener Geschichtsvereins gezeigt.

Reichsevangeliar: Nachbildung von B. Witte, fertiggeworden im März 1915; Deckel und Beschläge dem Original entsprechend aus vergoldetem Silber mit Edelsteinen, darunter ein großer Saphir im Zentrum. Buchblock aus pergamentartigem Papier mit purpurrot gefärbtem Schnitt. Schrift und Miniaturen des Originals fehlen.

Reichskreuz: Nachbildung von B. Witte von 1914 bis 1920. Eichenholz mit Goldblech, Edelsteinen und Perlen, seitlich Niello, rückwärtig graviert, Silber, vergoldet, ebenso der Fuß. Die beiden unteren Splinte des Querbalkens fehlen. Ebenso fehlt wie auch im Original die oberste Perle links im unteren Balkenstück. Die 700 Perlen und 127 Edelsteine ließen sich wegen des Kriegsausbruchs nur unter großen Schwierigkeiten beschaffen. Fertiggestellt wurde die Kopie erst 1920 ohne die Ausfachungen in ihrem Innern.

Reichskrone: Nachbildung von P. Beumers 1915. Die historischen Reparaturen am Original sind von Beumers ignoriert und korrigiert worden, allerdings ohne den Saphir als Ersatz des am Original verloren gegangenen „Waisen" geändert zu haben. Die eingedellte, verkratzte und eingerissene Majestas-Domini-Platte des Originals wurde von Beumers korrigiert. Wegen der schwierigen Materialbeschaffung mussten zwei große Perlen unecht bleiben.

Säbel: Nachbildung von P. Beumers, September 1915. Griff aus Holz, Elefantenhaut; vergoldetes Silber, Edelsteine, eine Fassung davon leer. Klinge aus Stahl, z. T. vergoldete Kupfereinlagen; Scheide aus gelbbraunem Horn, Holz, Leder, Goldbeschlägen. Die Fertigstellung verzögerte sich, da Elefantenhaut für den Griff im Ersten Weltkrieg nur schwer zu bekommen war.

Reichsapfel: Nachbildung von P. Beumers, Februar/März 1915; Holzkern, Gold, Goldfiligran, Edelsteine, Perlen, Mondstein im Kreuzmittelpunkt; 1987 restauriert. Die Nachbildung in 22-karätigem Gold weist einen stärker geglätteten Kugelkörper auf als das Original. Der Siegelstein ist durch einen gravierten Mondstein ersetzt worden.

Reichsschwert (Mauritiusschwert): Nachbildung von P. Beumers, März 1915. Beumers übernahm die Emaildarstellungen in ihrer asymmetrischen Anordnung. Er bildete auch alle auffallenden Mängel des Originals getreu nach. Die dokumentarische Inschrift „L. Rex" allerdings ließ er weg, da es sich, wie angenommen worden war, um eine spätere Hinzufügung gehandelt hatte und sie Beumers Bestreben nach einem tadellosen Erscheinungsbild widersprach.

Zeremonienschwert: Nachbildung von P. Beumers, März 1915. Beumers verwendete 21-karätiges Gold mit Email auf vergoldetem Silber. Die Scheide verzieren 18.000 einzelne Goldteilchen und mehr als 4.000 kleine Perlen, von denen inzwischen schon einige verloren gegangen sind. Eine zweite Kopie, von B. Witte im Auftrag der Stadt Nürnberg angefertigt, ist seit 1945 verschollen. Sie war als Geschenk für Adolf Hitler anlässlich des Reichsparteitags 1935 vorgesehen. Weihnachten 1935 wurden beide Nachbildungen in Aachen ausgestellt. Auch Witte verwendete 21-karätiges Feingold und 4.000 echte Perlen.

Reichszepter: Nachbildung von P. Beumers, März 1915. Anfertigung in vergoldetem Silber. Die Reparaturspuren an einem der stilisierten Eichenblätter des Originals sind nicht übernommen worden.

Aspergill (Weihwasserwedel): Nachbildung von P. Beumers, März 1915. Der Schaft besteht aus genietetem Silberblech. Das Sprenggefäß hat zwei kleine Beulen.

Heilige Lanze: Nachbildung von P. Beumers, vor Oktober 1915. Hergestellt aus Stahl, Silberdraht und mit auf Leder gebetteter Goldmanschette.

Die Nachbildungen der Reichskleinodien auf Burg Trifels

Bei den Nachbildungen der Burg Trifels handelt es sich um weitgehend den Originalen angepasste Rekonstruktionen, nach Auffassung des Herstellers um „Nachschöpfungen". Gezeigt werden im Geschoss über der Burgkapelle, in der sogenannten Schatzkammer, die Reichskrone, der Reichsapfel, das Zepter, das Reichskreuz, das Reichsschwert und seit 2008 die Heilige Lanze. Die anderen Nachbildungen entstanden in unterschiedlichen Zeitabständen zwischen 1956 und 1989. Die Idee, für den Trifels Nachbildungen der Reichskleinodien anfertigen zu lassen, kam schon Ende des 19. Jahrhunderts auf. 1894, als Entwürfe zur Ausmalung der wiederhergestellten Kapelle vorlagen, wandte sich der Ausschuss des Trifelsvereins an das Staatsministerium in München, mit der Bitte, ihm einen Zuschuss für Nachbildungen der Reichsinsignien zu gewähren. Ein Gutachten, das eine Ausmalung der Kapelle strikt ablehnte, beschied allerdings auch Pläne zu einer Aufstellung von Kopien negativ. 1902 verwarf die Vereinsleitung einen erneut gestellten Antrag, ein Museum auf dem Trifels einzurichten und darin Nachbildungen unterzubringen, mit dem Hinweis auf die bereits schon einmal erfolgte Ablehnung durch die königliche Regierung. Nach der Wiedergründung des Trifelsvereins 1952 griff Dr. Friedrich Sprater, der ehemalige Direktor des Historischen Museums Speyer, die Idee eines Museums auf dem Trifels abermals auf. Dort sollten neben der Literatur über Burg und Reichskleinodien auch Nachbildungen aufbewahrt werden. Nach Spraters Tod 1952 wurde der Wunsch bei der Vereinsleitung gleichsam als Vermächtnis gesehen, und der Vereinsausschuss beschloss 1954 einstimmig, die Aufgabe in Angriff zu nehmen. Der damalige Regierungspräsident der Pfalz und Vereinsvorsitzende, Dr. Franz Pfeiffer, erklärte sich bereit, persönlich bei der Stadt Frankfurt um die zeitweilige Überlassung der dortigen Kopien für Studienzwecke vorzusprechen. Die Verhandlungen mit Frankfurt scheiterten jedoch. Dagegen gab die Direktion der Hofburg in Wien ihr Einverständnis, einem Goldschmied Arbeitsmöglichkeiten an den Originalen der Schatzkammer zur Anfertigung einer Kopie der Kaiserkrone zu gewähren. Den Auftrag dazu erhielt 1955 Erwin W. Huppert aus Kaiserslautern. Der 1909 geborene Goldschmied war Sohn eines Spengler- und

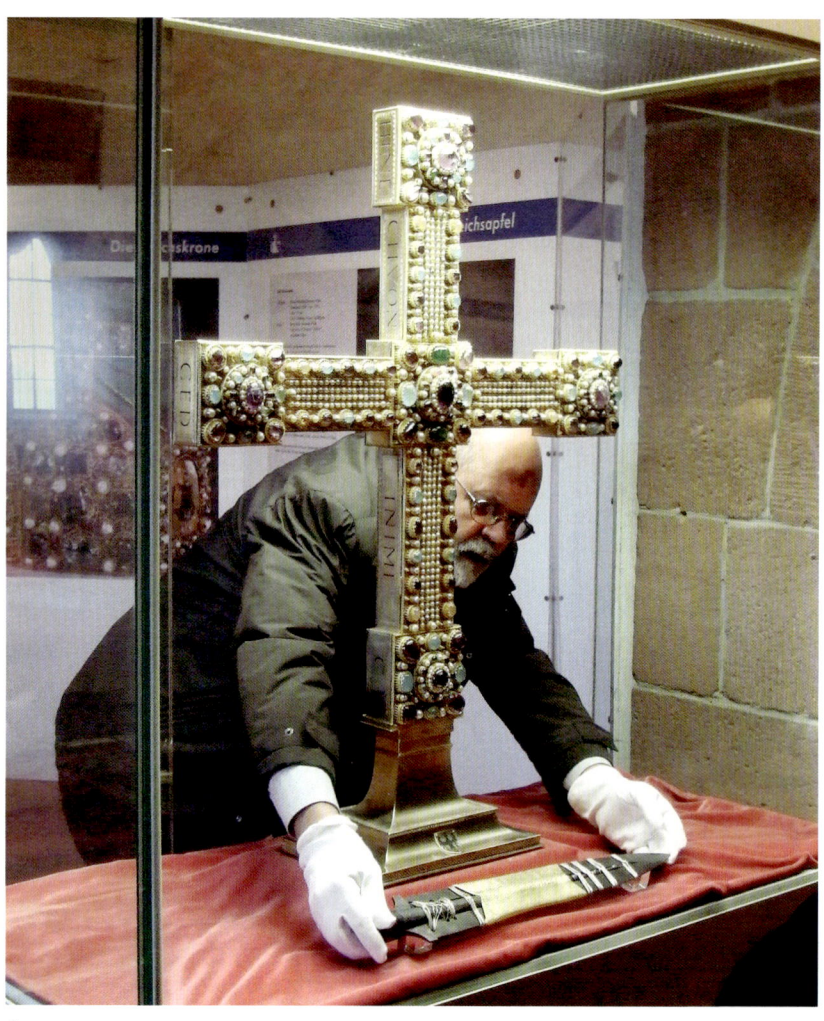

Übergabe der Nachbildung der Heiligen Lanze durch Kreisoberarchivar Walter Ziegler aus Göppingen

Installationsmeisters in Kaiserslautern, hatte die Meisterprüfung im Gold- und Silberschmiedehandwerk abgelegt und unterrichtete an der Meisterschule in Kaiserslautern. Später lehrte er als Dozent am Institut für Kunst- und Werkerziehung an der Universität Mainz und erhielt dort 1972 eine Professur. Huppert hielt sich zweimal in Wien für längere Studien an der Originalkrone auf. Die von ihm angefertigte Nachbildung war ursprünglich auf 19.500 DM veranschlagt worden und konnte 1958 der Öffentlichkeit vorgestellt werden. Die endgültigen Kosten beliefen sich auf 23.620,70 DM. Huppert hatte echte Perlen und Edelsteine mit kleinen Fehlern verwendet anstatt synthetische, wie ursprünglich vorgesehen.

Hupperts Krone wiegt 2,9 kg und besteht aus vergoldetem Silber. Sie ist mit insgesamt 1053 Perlen und 260 Edelsteinen bestückt. Auf der Nachbildung sind fehlende Teile des Originals ergänzt worden, darunter eine Perle an der Stirnplatte. Außerdem wurden Unebenheiten ausgeglichen. Für die Lötarbeiten und für das Schleifen der Edelsteine mussten alte, heute nicht mehr gebräuchliche Techniken angewendet werden. Schließlich verursachte das Emaillieren der aufgesetzten Felder wegen des Silberkerns der acht Kronenplatten erhebliche Schwierigkeiten. Da auf Burg Trifels noch kein geeigneter Raum zur Verfügung stand, fand die Krone auf unbestimmte Zeit ihren Ausstellungsort im Rathaussaal der Stadt Annweiler.

Nach anfänglichem Zögern nahm Goldschmied Huppert 1966 den Auftrag für weitere Nachbildungen an, für das Zepter, den Reichsapfel und das Reichskreuz. Dafür waren 56.000 DM veranschlagt, welche die Stadt Annweiler aufbringen wollte unter der Bedingung, die fertigen Stücke zusammen mit der Krone im Rathaussaal ausstellen zu dürfen. Zum 750-jährigen Stadtjubiläum hatte Huppert Zepter und Reichsapfel fertiggestellt. Die Arbeiten am Reichskreuz zogen sich hingegen über zehn Jahre hin. Während seiner Studien in Wien stellte Huppert fest, dass am Original mindestens vier bis sechs Goldschmiede gearbeitet haben mussten. Am 8. September 1979 konnte er kurz vor seinem 70. Geburtstag die Nachbildung des Kreuzes während eines Festaktes im Kaisersaal von Burg Trifels übergeben. Allein die Kosten dafür hatten 80.000 DM betragen.

Bereits seit 1973 wurden Krone, Zepter und Reichsapfel aufgrund einer Verfügung des Kultusministeriums auf dem Trifels verwahrt. Sie befinden sich heute alle in dem eigens dazu hergerichteten Raum über der Kapelle. Huppert wurde 1984 die Ehrenbürgerwürde von Annweiler verliehen. 1987 erhielt er den Auftrag zu einer Nachbildung des Reichsschwerts, in seinem künstlerischen Schaffen seine letzte große Herausforderung, die er nach zwei Jahren intensiver Arbeit beenden konnte. 1237 Stunden hatte er dafür angesetzt. Zuletzt wurden es 1818 Stunden. Die Umhüllung der Schwertscheide in reinem Gold anzufertigen, hielt Huppert für nicht verantwortbar. Allein das dafür benötigte Gold hätte 40.000 DM gekostet. Er entschloss sich daher zu einer Umhüllung aus vergoldetem, 0,3 mm starken Silberblech. Für die Scheide selber verwendete er Teakholz, für die Schwertklinge V-II a-Stahl. Drei Tage lang hielt sich Huppert zu Studien am Original in Wien auf. Er arbeitete täglich sechs Stunden an der Nachbildung. Allein jedes der vierzehn Herrscherreliefs auf der mit Perlen, Granaten und Emailplättchen besetzten Scheide nötigte ihm zehn Tage intensiver Arbeit ab. Zwei Tage nach seinem 80. Geburtstag, am 25. November 1989,

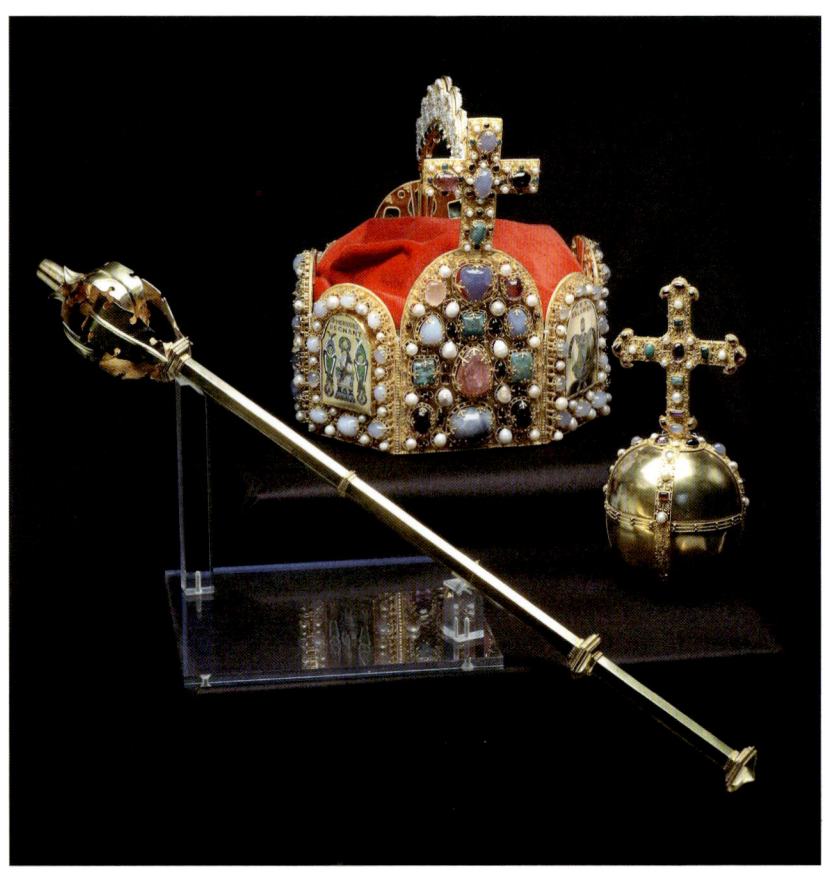

Nürnberg, Rathaus, Nachbildungen durch Gerda Glanzner

konnte er während einer Feier im Rathaussaal von Annweiler das letzte Stück seiner Repliken von den Reichskleinodien übergeben. Das Schwert hatte Kosten von rund 50.000 DM verursacht. Huppert starb am 12. Dezember 2001 in Mainz. Die Sammlung der Nachbildungen auf Burg Trifels wurde 2008 durch ein weiteres Exemplar bereichert. Am 4. Oktober überreichte der Göppinger Kreisoberarchivar Walter Ziegler dem Generaldirektor der Generaldirektion Kulturelles Erbe Rheinland-Pfalz, Thomas Metz, als Geschenk des Landkreises Göppingen eine Replik der Heiligen Lanze. Sie ist das Werk der Landesfachklasse Metallbauer an der Gewerblichen Schule Göppingen 2006 unter Leitung des Technischen Oberlehrers Ulrich Deeß. Neben Stahl wurde Messing, Blattgold und Silberdraht verwendet.

Die Nachbildungen von Gerda Glanzner in Idar-Oberstein, Nürnberg, Rothenburg und Waldburg

Im Auftrag der Edelsteinschleiferei Ruppenthal KG Idar-Oberstein fertigte die Goldschmiedemeisterin Gerda Glanzner in ihrer Werkstatt in Wiesentheid/Franken Kopien der Reichskleinodien nach den Wiener Originalen an, zunächst von Reichsapfel, Zepter und Heiliger Lanze. Schließlich vollendete sie nach fünf Jahren mit einem Arbeitsaufwand von etwa 3000 Meisterstunden 1986 die Kopie der Krone, ein Stück aus 18-karätigem Gold, echten Edelsteinen und rund 1000 echten Perlen. Verwendet wurden blaue Saphire, Rubine, Smaragde, Amethyste, rote Granate und Orientperlen. Etwa zehn Jahre später folgte die Kopie des Reichskreuzes, die mehr als 5000 Meisterstunden erforderlich machte. Auch diese Arbeit Glanzners entsprach in der Verwendung von echten Edelsteinen und Naturperlen ganz dem Original. Glanzner hatte mehrere Male Gelegenheit, an den Originalen der Wiener Schatzkammer zu arbeiten und dadurch ihre Erkenntnisse zu vervollkommnen. Ihre Kopien von Krone, Reichsapfel und Zepter standen 1986 als Leihgabe der Ausstellung „Kaiser und Reich" in Nürnberg zur Verfügung. Anschließend ging Glanzner daran, auch für Nürnberg selbst Kopien anzufertigen. 1990 übergab sie nach drei Jahren Arbeitszeit die Krone, vergoldetes Silber mit echten Steinen und Zuchtperlen, sowie Reichsapfel, Zepter und Heilige Lanze. Von 1992 bis 1994 schuf Glanzner für das mittelalterliche Kriminalmuseum Rothenburg o. T. Kopien der gleichen Stücke, die Krone ebenfalls in vergoldetem Silber.

Seit 2006 befasst sich Glanzner mit Kopien für den Förderverein Waldburg. Fertiggestellt wurden bisher bei einem Aufwand von 220 Arbeitsstunden Zepter und Lanze. Mitte 2009 soll der Reichsapfel folgen. Für die Krone liegt der Auftrag vor.

Die Goldschmiedin wurde 1941 in Würzburg geboren. 1972 legte sie die Meisterprüfung als Goldschmiedin ab, 1973 als Silberschmiedin. Seit 1975 ist sie Fachlehrerin für Gold- und Silberschmiede.

Die Nachbildungen der Reichskleinodien für die Stadt Frankfurt

Mit zu den ältesten Nachbildungen der Reichskleinodien gehören Krone, Zepter und Reichsapfel, welche 1912 von der Stadt Frankfurt a. M. in Auftrag gegeben worden sind. Die aus vergoldetem Kupfer gefertigten Stücke mit Glassteinen und Glasperlen befinden sich im Historischen Museum von Frankfurt.

Die Nachbildung der Reichskrone in Mainz

Im Rahmen der Vorbereitung zur Feier „1000 Jahre Mainzer Dom" im Jahre 1975 entstand im Haus des Juweliers Richard Weiland eine überaus aufwendig und kostbar gestaltete Nachbildung der Reichskrone. Sie wurde in den Jahren 1974/75 in

4200 Arbeitsstunden angefertigt, wobei Gold 750/000 verwendet sowie 906 Perlen und 174 echte Steine (57 Almandine, 46 Saphire, 36 Smaragde, 12 Amethyste, 11 Aquamarine, 10 Turmaline, 1 Citrin, 1 Opal) verarbeitet wurden. Das Gesamtgewicht der Krone beträgt 3950 Gramm. Aufbewahrungsort ist die hauseigene Schatzkammer des Juweliers.

Die jüngste Nachbildung wird die Arbeit sein, die kürzlich von der Mittelböhmischen Region Tschechiens an den Goldschmied Jiri Urban vergeben worden ist. Es soll sich um die getreue Nachbildung der Kaiserkrone handeln. Mitte 2009 fertiggestellt, soll sie dann Bestandteil der Ausstellung auf Burg Karlstein sein.

Hans Reither

Aufbewahrungsorte der Reichskleinodien

Vor dem 11. Jahrhundert sind die Insignien von den Herrschern auf ihren Reisen mitgeführt worden. Gegen Ende der Salierzeit, nachdem sich die Herrschaftszeichen zu einem Ensemble der Reichsinsignien vereinigen, wird der Besitz als legitimierende Kraft der königlichen Herrschaft immer wichtiger und führt zur „festen Aufbewahrung" der Herrscherinsignien.

Harzburg 1073
Anfang August 1073 flüchtet Heinrich IV. mit den Reichskleinodien vor den aufständischen Sachsen von der Harzburg bei Goslar.

Burg Hammerstein 1105–1125 (?)
Während des Konflikts zwischen Heinrich IV. und seinem Sohn Heinrich V. um die Jahreswende 1105/6 befanden sich die Insignien auf der Reichsburg am Rhein. Nachdem Heinrich V. seinen Vater abgesetzt hatte, wurden ihm am 5. Januar 1106 in Mainz die Herrschaftszeichen übergeben. Sehr wahrscheinlich verblieben sie bis zum Frühjahr 1125 weiter auf Burg Hammerstein.

Burg Trifels 1125, mit Unterbrechungen bis 1298
Bevor Heinrich V. am 23. Mai 1125 in Utrecht starb, ordnete er an, dass die Krone und die übrigen Herrschaftszeichen bis zur Wahl eines Nachfolgers auf der sicheren Reichsburg Trifels aufbewahrt werden sollten. Bis 1298, von mehreren Unterbrechungen abgesehen, befanden sich die Reichskleinodien auf Burg Trifels. Den ungesicherten Berichten der beiden Chronisten Hieronymus Gebwiller (1528) und Bernhard Herzog (1592) zufolge wurde der Reichsschatz zwischen 1153 und 1208 in der Reichsburg in Hagenau/Elsass verwahrt. Nach der Ermordung Philipps von Schwaben in Bamberg am 21. Juni 1208 brachte dessen Vertrauter Konrad von Scharfenberg, Bischof von Speyer, „...in castro Trivels coronam et crucem et insignia regalia" (...auf die Burg Trifels die Krone, das Kreuz und die königlichen Zeichen).

Konrad verhandelte mit dem welfischen Thronprätendenten Otto IV. über seine zukünftige Stellung. Nachdem Otto IV. ihm das Amt des Reichskanzlers zugesagt hatte, übergab Konrad am 11. November 1208 dem Welfen die Reichsinsignien auf einem Hoftag in Frankfurt. In einem Brief vom 4. Dezember 1208 bedankte sich Papst Innozenz III. bei Bischof Konrad für die Übergabe der Insignien an Otto IV.

Harzburg 1218
Einen Tag vor seinem Tode, am 18. Mai 1218, wandte sich Otto IV. an seinen Bruder Pfalzgraf Heinrich, er solle die kaiserlichen Zeichen (das Heilige Kreuz, die Lanze, die Krone, den Zahn Johannes des Täufers und die übrigen Insignien) zwanzig Wochen lang nach seinem Ableben aufbewahren und danach dem neugewählten König unentgeltlich ausliefern.

Waldburg 1221–1226/28 (?)
Friedrich II. schickte 1220 die Reichskleinodien aus Italien auf die Waldburg bei Ravensburg. Nicht sicher ist, wie lange die Insignien ab 1221 auf der Burg in der Obhut von Friedrichs Truchsessen, Eberhardt von Waldburg, verblieben. Eberhards Neffe, Konrad von Winterstetten, wird in einer Urkunde Konrads IV. 1240 als *„tenens imperialia insignia“*, als Hüter der Reichsinsignien, bezeichnet.

Trifels 1246
König Konrad IV. beurkundete am 17. September 1246 die Übergabe des Reichsschatzes durch Isengard von Falkenstein. Überliefert ist der Text der Urkunde in mittelhochdeutscher Fassung in einem Falkensteiner Kopialbuch aus dem 15. Jahrhundert. Dieses sogenannte „Trifelsinventar" ist das erste und älteste genaue Verzeichnis des Reichsschatzes. Der Text nennt folgende Stücke:

„do man zahlte nach godes geburte zwolf hundert iar und sechs und vierzig iar in dem nunden mande an sant lamprechtes dage / Wir conrad keyser friderichs sun von godes gnaden zu einnem römischen kunig gekorn verjehen und bezugen mit diesem briefe das ysengard hussfrawe philips von falk(enstein) unseres lieben trosessen und getruwen und sine untertanen uns geantwortet hant mit willen herren und vaders keysers frideriches die burg trifels und die keyserlichen zeychen. Mit namen unserem herren Holz mit einem gulden cruce mit edlen steynen gezierett Sant Johans des dofers zaen in einer christallin Sante kunegunden arm Sante mauricien sper / Me unseres herren nahele und eyn silber fuder da uber Das cruce mit der kedene und mit deme heilich dome Dye guldene krone mit guldin cruce Zwey sweert mit zweyn scheiden gezieret mit edlem gesteyne das gulden vingerlin mit dem

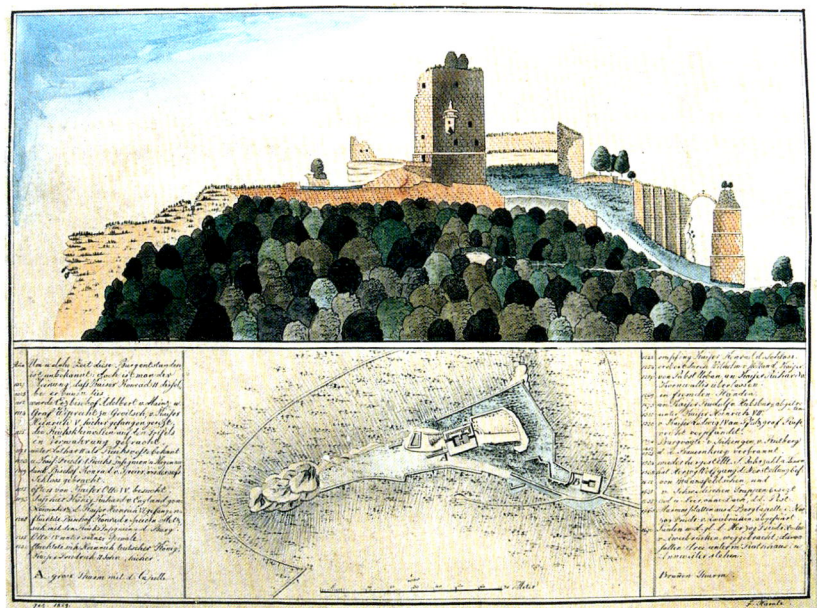

Burg Trifels von Osten mit Grundriss, Zeichnung von F. Haenle, datiert 1829

robine und den vier saphire Den gulden appel mit dem cruce Den keyserlichen man-
tel mit edelen steynen den balsam drye guldene sporen Eyn albe von wissem sammete
mit edelen steynen gezeiret Siben gulden nalden mit sechs steynen den balsam Eyn
wisse infule / Zwene handschuhe mit edelen steynen eynen rochk von sammete Zwo
scharlokens hosen / und zwene verguldene schue mit steynen gezieret Zwo gulden
[…] mit zehen gulden schellen drye siden gurtel eyn linen hemde"

Die Kaiserkrone, der Reichsapfel, der Kaisermantel, die Alba, die Dalmatika, die
Strümpfe, die Schuhe, die Handschuhe, das Reichsschwert, das Zeremonienschwert,
das Reichskreuz, die Heilige Lanze, ein Zahn von Johannes dem Täufer, ein Armkno-
chen der heiligen Kunigunde und ein Stück Holz vom Kreuze Christi sind heute noch
vorhanden. Die anderen Gegenstände gingen verloren. Auffallend ist, dass der Text kein
Zepter aufführt. Das heute erhaltene Zepter stammt erst aus dem 14. Jahrhundert.

Trifels 1255
Im Februar/März 1255 schrieb König Wilhelm von Holland aus Speyer an seinen
Vizekanzler, den Abt Egmond, über seine freudige Aufnahme in Oberdeutschland

und berichtete, dass er nunmehr die Burg Trifels gemeinsam mit den Reliquien und den Ornatstücken des Reiches sowie der Lanze und der Krone unangefochten in Besitz genommen habe.

Trifels 1258

Richard von Cornwall, der Nachfolger Wilhelms, wurde am 17. Mai 1257 in Aachen gekrönt. April/Juli 1258 berichtete der Bischof Johann von Lübeck den Bürgern seiner Stadt, er habe König Richard unter anderem deshalb gehuldigt, da dieser die Burg Trifels und die kaiserlichen Insignien in seiner Hand habe.

Kyburg 1273

Nach seiner Wahl ließ König Rudolf von Habsburg die Reichsinsignien auf die Kyburg in der Schweiz bringen.

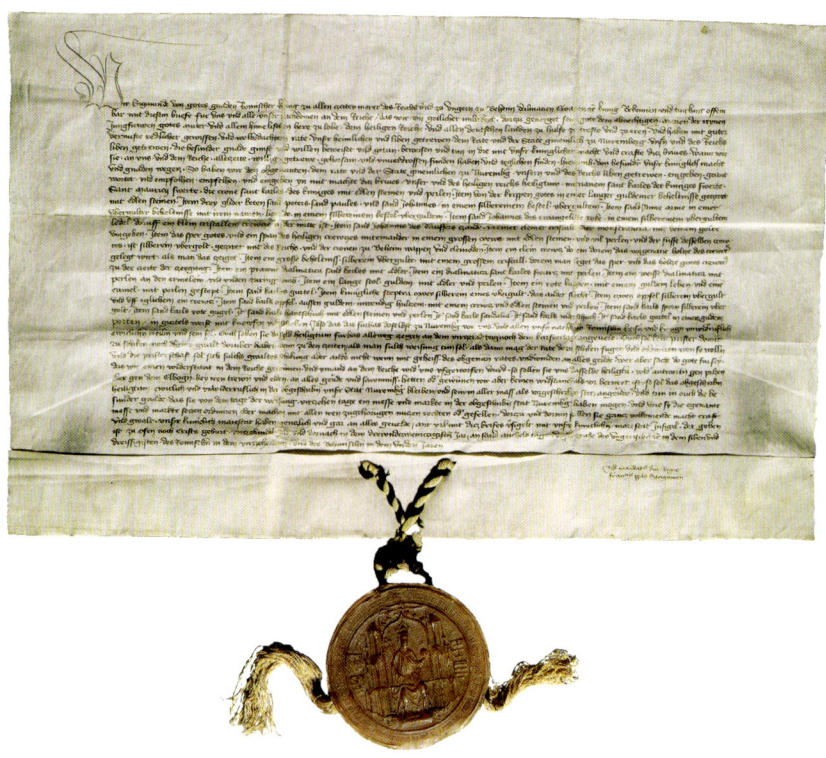

Urkunde König Sigismunds an die Stadt Nürnberg, 1423

Trifels 1292–1298

In Hagenau/Elsass übergab Albrecht von Habsburg Ende November 1292 die Reichsinsignien an König Adolf von Nassau. In Speyer, am 26. Juli 1296, betonte König Adolf gegenüber Abt und Konvent des unweit der Burg gelegenen Zisterzienserklosters Eußerthal, dass sie seit alters her von seinen Vorgängern mit der Obhut der Reichsinsignien (*„imperialium insigniorum custodiis"*) betraut seien.

München 1324–1350

1323 wurden die Reichskleinodien in Nürnberg an König Ludwig IV. übergeben. Ludwig der Bayer ließ die Insignien in der Hofkapelle in München, bewacht von Zisterziensern aus dem Kloster Fürstenfeld (westlich von München), aufbewahren.

Prag/Karlstein 1350–1421

Karl IV. verwahrte den Reichsschatz, der 1350 von München nach Prag gebracht worden war, zunächst im Prager Veitsdom. 1356 gelangte er auf die Burg Karlstein. 1354 hatte Karl IV. das päpstliche Privileg erhalten, die Reichskleinodien und die Reliquien des Prager Domschatzes in einer Heiltumsschau ausstellen zu dürfen. Auch unter seinen Söhnen Wenzel und Sigismund verblieben die Reichskleinodien in Böhmen.

Burg Visegrad (Blindenburg) bei Ofen 1421–1423

Der Chronist Eberhard Windecke berichtet, dass König Sigismund die Reichsinsignien von 1421 bis 1423 in Ungarn aufbewahren ließ.

Nürnberg 1424–1796

Mit der Urkunde vom 29. September 1423 (Ofen) verlieh König Sigismund der Reichsstadt Nürnberg das Privileg zur Aufbewahrung der Reichskleinodien „auf ewige Zeiten". Mit Beginn der französischen Revolution waren diese „ewigen Zeiten" zu Ende. Im Sommer 1796 wurde der Reichsschatz vor der heranrückenden französischen Armee nach Regensburg in Sicherheit gebracht. Mit kurzen Unterbrechungen verblieb er hier bis zum Sommer 1800 und kam danach im Oktober 1800 in die kaiserliche Schatzkammer von Wien.

Aachen/Paderborn 1794–1798

Auch die drei Aachener Kleinodien wurden vor den Franzosen versteckt und 1794 nach Paderborn in Sicherheit gebracht. Im Oktober 1798 verwahrte sie der kaiserlicher Gesandte, Graf Westphalen zu Fürstenberg, bis 1801 in Hildesheim auf. Im Sommer 1801 ließ er die drei Aachener Stücke nach Wien transportieren.

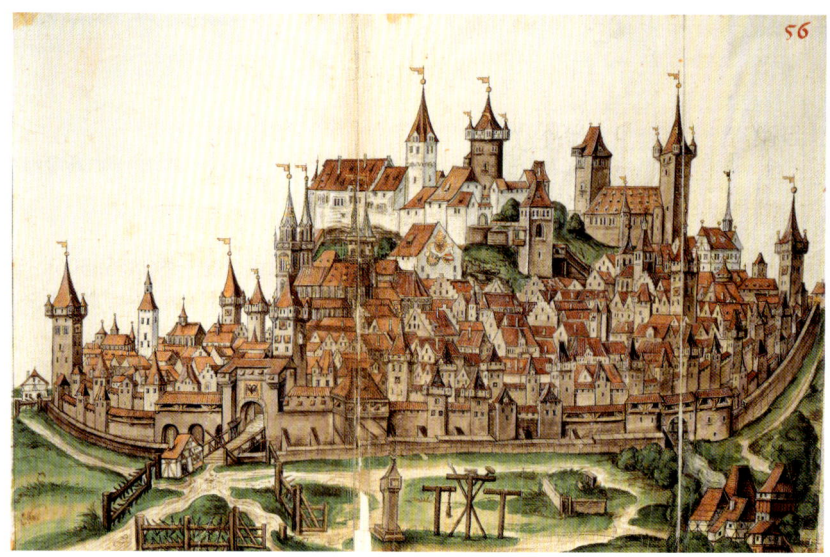

Ansicht der Stadt Nürnberg, Schedelsche Weltchronik, 1533

Wien 1800 mit Unterbrechungen bis heute

Noch zweimal innerhalb weniger Jahre, 1805 und 1809, wurden die Reichsklein-odien wegen der Eroberung Österreichs durch Napoleon in Ungarn versteckt. Von 1818 bis 1938 verblieben diese in Wien. Im „Dritten Reich", im August 1938, wur-den die Reichskleinodien auf Anordnung Hitlers nach Nürnberg gebracht. Seit dem 6. Januar 1946 ruhen die Insignien des Heiligen Römischen Reiches (Deut-scher Nation) wieder in der Wiener Schatzkammer.

Anmerkungen

1 Matthaei Parisiensis Chronica majora, hrsg. von Henry Richard Luard (Rerum Britannicarum medii aevi scriptores 57), Bd. 4, London 1877, S. 447.

2 Salimbene de Adam Cronica I: a. 1168–1249, hrsg. von Giuseppe Scalia (Corpus Christianorum. Continuatio mediaevalis, 125), Turnhout 1998, S. 306f.

3 Widukind von Corvey, Sachsengeschichte, hrsg. von Paul Hirsch (MGH SS rer. Germ. 60), Hannover [3]1935, I, 25, S. 38.

4 Thietmar von Merseburg, Chronicon, hrsg. von Robert Holtzmann (MGH SS rer. Germ. NS 9), Berlin 1955, IV, 50, S. 188.

5 Vita Heinrici IV. imperatoris, hrsg. von Wilhelm Eberhard (MGH SS rer. Germ. 58), Hannover [3]1899, c. 10, S. 34.

6 MGH Const. II, 10, S. 12.

7 Historia diplomatica Friderici secundi, hrsg. von Jean Louis Alphonse Huillard-Bréholles, 6 Bde., Paris 1852–1861, Bd. 6, 2, S. 878f.

8 Dietrich von Nieheim, Viridarium imperatorum et regum Romanorum, hrsg. von Alphons Lhotsky/Karl Pivec (MGH Staatsschriften des späteren Mittelalters 5,1), Stuttgart 1956, S. 17f.

9 Memoiren des Karl Heinrich Ritters von Lang. Skizzen aus meinem Leben und Wirken, meinen Reisen und meiner Zeit (Bibliotheca Franconica 10), Erlangen 1984, S. 212.

10 Heinrich Heine, Historisch-kritische Gesamtausgabe der Werke, hrsg. von Manfred Windfuhr, Bd. 3,1, Hamburg 1973, S. 231.

11 Johann Wolfgang v. Goethe, Dichtung und Wahrheit. München [12]1994, S. 183.

12 Aeneas Silvius de Piccolomini, Historia Austrialis. Österreichische Geschichte, hrsg. von Jürgen Sarnowsky (Ausgewählte Quellen zur Deutschen Geschichte des Mittelalters 44), Darmstadt 2005, V, 22, S. 380ff.

13 Ebd., S. 380.

14 Einhard, Vita Karoli Magni, hrsg. von Oswald Holder-Egger (MGH SS rer. Germ. 25), Hannover 1911, c. 23, S. 28.

15 Annales Fuldenses sive Annales regni Francorum orientalis, hrsg. von Friedrich Kurze (MGH SS rer. Germ. 7), Hannover 1891, a. 876, S. 86.

16 Widukind von Corvey, Sachsengeschichte, hrsg. von Paul Hirsch (MGH SS rer. Germ. 60), Hannover [3]1935 II, 1, S. 65.

17 Philippe de Mézières, Le songe du vieil pèlerin, hrsg. von George William Coopland, 2 Bde., Cambridge 1969, Bd. 2, S. 209.

18 Gregor von Tours, Libri historiarum decem, hrsg. von Bruno Krusch/Wilhelm Levison (MGH SS rer. Mer. I,1), Hannover 1951, II 38, S. 39.

19 Einhard, Vita Karoli Magni c. 23, S. 28.

20 Bericht des Kardinalpriesters Jakob Ammanti, nach: Hermann Heimpel, Königlicher Weihnachtsdienst im späteren Mittelalter, in: Deutsches Archiv 39 (1983), S. 131–206, S. 193.

21 Karl Heinrich von Lang, Aus der bösen alten Zeit. Lebenserinnerungen des Ritters Karl Heinrich von Lang, hrsg. von Viktor Petersen, Stuttgart [5]1925, S. 135.

22 Historia diplomatica Friderici secundi, hrsg. von Jean Louis Alphonse Huillard-Bréholles, 6 Bde., Paris 1852–1861, Bd. 6,2, S. 878f.

23 Liudprand von Cremona, Antapodosis, hrsg. von Paolo Chiesa (Corpus Christianorum, Continuatio medievalis 156), Turnhout 1998, S. 1150, IV, 25, S. 111ff.

24 Vgl. Ijob 38,6. und Jes 28,16.

25 Vgl. Widukind von Korvei, Res gestae Saxonicae, hrsg. von Paul Hirsch (MGH SS rer. Germ. 60), Hannover [3]1969, I, 25, S. 38.

26 Wipo, Gesta Chuonradi imperatoris, hrsg. von Harry Bresslau (MGH SS rer. Germ. 61), Hannover/Leipzig 1915, c. 2, S. 19.

27 Vgl. etwa die Darstellung in der Chronik des Ekkehard von Aura, hier S. 19.

28 Annales Altahenses maiores, hrsg. von Edmund von Oefele (MGH SS rer. Germ 4), Hannover 1891, S. 59.

29 Etwa in: Die Ordines für die Weihe und Krönung des Kaisers und der Kaiserin, hrsg. von Reinhard Elze (MGH Font iur. Germ. 9), Hannover 1960, XX, 29, S. 113.

30 Ebd., XIII, 2, S. 34.

31 Die Goldene Bulle Kaiser Karls IV. vom Jahre 1356, hrsg. von Wolfgang Fritz (MGH Font. iur. Germ. 11), Weimar 1972, XXII, S. 78.

32 Aeneas Silvius Piccolomini, Österreichische Geschichte, hrsg. von Jürgen Sarnowsky (FSGA 44), Darmstadt 2005, IV, 22, S. 382.

33 Ottonis Episcopi Frisingensis Chronica sive Historia de duabus civitatibus, hrsg. von Adolf Hofmeister (MGH SS rer. Germ. 45), Hannover/Leipzig 1912.

34 Die Goldene Bulle Kaiser Karls IV. vom Jahre 1356, hrsg. von Wolfgang Fritz (MGH Font. iur. Germ. 11), Weimar 1972, XXII, S. 78.

35 Ulrich von Richental, Chronik des Constanzer Concils, hrsg. von Michael Richard Buck, Hildesheim 1962, CLXXIV, S. 104f.

36 Ebd., CLXXV, S. 105f.

37 Zitiert nach Arno Mentzel-Reuters, Die goldene Krone. Entwicklungslinien mittelalterlicher Herrschaftssymbolik, in: Deutsches Archiv 60 (2004), S. 179.

Literaturauswahl

Brockhoff, Evelyn/Matthäus, Michael (Hrsg.): Die Kaisermacher. Frankfurt am Main und die Goldene Bulle 1356–1806, Ausst.-Kat. Frankfurt am Main 2006.

Classen, Peter: Corona Imperii. Die Krone als Inbegriff des römisch-deutschen Reiches im 12. Jahrhundert, in: Ausgewählte Aufsätze von Peter Classen, unter Mitwirkung von Carl Joachim Classen/Johannes Fried, hrsg. von Josef Fleckenstein (Vorträge und Forschungen 28), Sigmaringen 1983, S. 503–514.

Fillitz, Hermann: Die Reichskleinodien – Ein Versuch zur Erklärung ihrer Entstehung und Entwicklung, in: Heilig – Römisch – Deutsch. Das Reich im mittelalterlichen Europa, hrsg. von Bernd Schneidmüller/Stefan Weinfurter, Dresden 2006, S. 133–161.

Gesellschaft für staufische Geschichte e.V. (Hrsg.): Die Reichskleinodien. Herrschaftszeichen des heiligen Römischen Reiches (Schriften zur staufischen Geschichte und Kunst 16), Göppingen 1997.

Kirchweger, Franz (Hrsg.): Die Heilige Lanze in Wien. Insignie – Reliquie – „Schicksalsspeer" (Schriften des Kunsthistorischen Museums 9), Wien 2005.

Kramp, Mario (Hrsg.): Krönungen. Könige in Aachen – Geschichte und Mythos, 2 Bände, Ausst.-Kat. Mainz 2000.

Ott, Joachim: Krone und Krönung. Die Verheißung und Verleihung von Kronen in der Kunst von der Spätantike bis um 1200 und die geistige Auslegung der Krone, Mainz 1998.

Petersohn, Jürgen: „Echte" und „Falsche" Insignien im deutschen Krönungsbrauch des Mittelalters? Kritik eines Forschungsstereotyps (Sitzungsberichte der wissenschaftlichen Gesellschaft an der Johann Wolfgang Goethe-Universität Frankfurt am Main 30), Stuttgart 1993.

Schulze-Dörrlamm, Mechthild: Die Kaiserkrone Konrads II. (1024–1039). Eine archäologische Untersuchung zu Alter und Herkunft der Reichskrone, Sigmaringen 1991.

Staats, Reinhart: Theologie der Reichskrone. Ottonische „Renovatio imperii" im Spiegel einer Insignie (Monographien zur Geschichte des Mittelalters 13), Stuttgart 1976.

Töbelmann, Paul: Stäbe der Macht. Stabsymbole in Ritualen des Mittelalters, Diss. phil. Heidelberg 2008.

Weinfurter, Stefan: Das Reich im Mittelalter. Kleine deutsche Geschichte von 500 bis 1500, München 2008.

Autoren

Priv.-Doz. Dr. Jan Keupp: Wiss. Leiter des DFG-Projektes „Die Hüllen des Selbst" am Historischen Seminar der LMU München

Peter Pohlit: Publikationen über Burgenarchitektur, Mitarbeiter beim Pfälzischen Burgenlexikon

Hans Reither: Verwalter der Reichsburg Trifels, Publikationen über Richard Löwenherz und Burgenarchitektur

Katharina Schober: Wiss. Mitarbeiterin im Cluster „Asia and Europe" der Universität Heidelberg

Prof. Dr. Stefan Weinfurter: Lehrstuhl für Mittelalterliche Geschichte, Heidelberg; Mitglied der Heidelberger Akademie der Wissenschaften; Direktor des Instituts für Fränkisch-Pfälzische Geschichte und Landeskunde an der Universität Heidelberg

Danksagung

Dieses Buch verdankt seine Entstehung nicht allein dem Quintett der Herausgeber auf dem Titelblatt. Sein Zustandekommen von der ersten Skizze bis zum fertig bebilderten Druckerzeugnis wurde vielmehr vom freundlichen Beistand und der wohlwollenden Anteilnahme zahlreicher Freunde und Unterstützer begleitet. Eine wichtige Vorraussetzung für die Entstehung dieser Publikation war die Beschaffung des Bildmaterials. Zu großem Dank sind wir in diesem Zusammenhang dem Kunsthistorischen Museum in Wien, namentlich Frau Ilse Jung, verpflichtet. Ebenso geht unser Dank an das Staatsarchiv Würzburg, Herrn Dr. Wagenhöfer, an das Staatsarchiv Nürnberg, Herrn Dr. Rechter, an das Presse- und Informationsamt der Stadt Nürnberg, Herrn Schedlbauer, und an die Freunde des Trifels, Herma und Günter Frey und Andreas Spieß, für die freundliche Überlassung weiteren Bildmaterials.

Ein herzliches Dankeschön gebührt der Gesellschaft für staufische Geschichte e.V. in Göppingen, insbesondere Herrn Dr. Rueß, für die Ausleihe von Literatur. Herrn Martin Mundorf aus Eislingen/Göppingen sei für die Kontrolle der Übersetzung des Trifelsinventars ebenso gedankt wie Frau Gerda Glanzner und Richard Weiland für Informationen über die Entstehungsgeschichte und Beschaffenheit ihrer Nachbildungen. Für die Mühe des Korrekturlesens sei Herrn Dr. Peter Bung mit Gemahlin und Herrn Günter Frey herzlich gedankt. Ein besonderer Dank geht an Herrn Markus Spies für die unverzichtbare Unterstützung seines Freundes Hans Reither am PC, die er mit sehr viel Gelassenheit auf sich genommen hat. Es freut uns, dass Herr Dr. Albrecht Weiland sich bereit gefunden hat, diesen Band in seinem Verlag Schnell & Steiner GmbH zu veröffentlichen und zu finanzieren. Für die Lektoratsarbeit sei Frau Elisabet Petersen und allen weiteren Beteiligten in der Technik für deren Mithilfe herzlichst gedankt.

Größten Dank schulden die Autoren Herrn Thomas Metz, dem Generaldirektor der Generaldirektion Kulturelles Erbe, für seine herzliche Anteilnahme an diesem Projekt und die finanzielle Unterstützung bei der Bereitstellung des Bildmaterials.

Bildnachweis

Aachen, Foto: Andreas Herrmann (Seite 89). – Annweiler, Museum unterm Trifels (Seite 99). – Annweiler, Herma und Günter Frey (rückwärtige Umschlagseite). – Annweiler, Peter Pohlit (Seite 92). – Berlin, Staatsbibliothek, Stiftung Preußischer Kulturbesitz, Cod. lat. 295, fol. 99r (Seite 19). – München , Bayr. Staatsbibliothek, clm 4456, fol. 11r (Seite 10). – Nürnberg, Stadt, Presse- und Informationsamt (Seite 94). – Nürnberg, Staatsarchiv, Rst. N. Handschriften Nr. 399a (Seite 72), Rst. N. Losungsamtakten S. 1 L. 133, Nr. 1 (Seite 84), Rst. N. Kaiserprivilegien Nr. 283 (Seite 100), Rst. N. Handschriften 211 fol. 55/56 (Seite 102). – Wien, Kunsthistorisches Museum (KHM) (Titelbild, Seite 11, 12, 13, 15, 21, 25, 26, 27, 28, 29, 31, 32, 33, 34, 37, 38-39, 40, 41, 42, 43, 45, 47, 48, 49, 51, 53, 54, 55, 57, 58, 60-61, 62, 63, 64, 67, 69, 80, 83).